京华通览

历史文化名城

主编／段柄仁

北京建置概说

尹钧科／著

北京出版集团公司
北京出版社

图书在版编目（CIP）数据

北京建置概说 / 尹钧科著. — 北京：北京出版社，2018.3
　（京华通览）
　ISBN 978-7-200-13438-4

Ⅰ．①北… Ⅱ．①尹… Ⅲ．①政区沿革—介绍—北京 Ⅳ．①K921

中国版本图书馆CIP数据核字（2017）第266531号

审 图 号　京S（2013）034号

出版人　　曲　仲
策　划　　安　东　于　虹
项目统筹　孙　菁　董拯民
责任编辑　于　虹
封面设计　田　晗
版式设计　云伊若水
责任印制　燕雨萌

《京华通览》丛书在出版过程中，使用了部分出版物及网站的图片资料，在此谨向有关资料的提供者致以衷心的感谢。因部分图片的作者难以联系，敬请本丛书所用图片的版权所有者与北京出版集团公司联系。

北京建置概说
BEIJING JIANZHI GAISHUO

尹钧科　著

北京出版集团公司
北京出版社　　　出版

*

（北京北三环中路6号）
邮政编码：100120

网　　址：www.bph.com.cn
北京出版集团公司总发行
新 华 书 店 经 销
天津画中画印刷有限公司印刷

*

880毫米×1230毫米　32开本　6印张　123千字
2018年3月第1版　2022年11月第3次印刷
ISBN 978-7-200-13438-4
定价：45.00元

如有印装质量问题，由本社负责调换
质量监督电话：010-58572393

《京华通览》编纂委员会

主　任　段柄仁
副主任　陈　玲　曲　仲
成　员　（按姓氏笔画排序）
　　　　于　虹　王来水　安　东　运子微
　　　　杨良志　张恒彬　周　浩　侯宏兴
主　编　段柄仁
副主编　谭烈飞

《京华通览》编辑部

主　任　安　东
副主任　于　虹　董拯民
成　员　（按姓氏笔画排序）
　　　　王　岩　白　珍　孙　菁　李更鑫
　　　　潘惠楼

河北省
崇礼县
(西湾子镇)
云州
镇宁堡
东万口
杨木栅子
赤城县
汝营子
炮梁
四台嘴
龙关镇
样田
东卯镇
雕鹗镇
后城镇
千家店镇
李家堡
田家窑镇
大海陀
庞家堡镇
宣化区
贾家营镇
定方水
段家堡
下花园区
存瑞镇
大黄庄镇
怀来县
(沙城镇)
北辛堡镇
涿鹿县
武家沟镇
狼山
东花园镇
保岱镇
栾庄
官厅水库
小南辛堡镇
瑞云观
桑园镇
官厅镇
矾山镇
黑山寺
卧佛寺
大堡镇
河东镇
蟒石口
九龙镇
其中口
三坡镇
龙门口
宋各庄
石亭镇
涿州市
刁窝
码头镇
义和庄
固安县
延庆县
香营
刘斌堡
旧县镇
永宁镇
四海镇
张山营镇
沈家营镇
延庆镇
延庆
井庄镇
大榆树镇
大庄科
康庄镇
八达岭镇
昌平区
十三陵镇
南口地区
崔村镇
兴寿镇
昌平
南邵镇
流村镇
马池口地区
百善镇
沙河地区
阳坊镇
上庄镇
回龙观地区
苏家坨镇
西北旺镇
温泉镇
海淀区
四季青镇
海淀
西城
石景山区
门头沟区
雁翅镇
军庄镇
妙峰山镇
斋堂镇
清水镇
王平地区
龙泉镇
门头沟
永定镇
潭柘寺镇
石景山
丰台区
长辛店镇
卢沟桥
丰台
花乡
王佐镇
房山区
大安山
史家营
河北镇
佛子庄
南窖
霞云岭
蒲洼
青龙湖镇
长阳镇
房山
周口店地区
阎村镇
石楼镇
良乡地区
窦店镇
韩村河镇
琉璃河地区
长沟镇
大石窝镇
张坊镇
十渡镇
大兴区
西红门地区
黄村地区
大兴
北臧村镇
庞各庄镇
魏善庄镇
榆垡镇
白河
洋河
桑干河
永定河
大石河
拒马河
北拒马河
白沟河
京藏高速

北京政区（21世纪10年代）

序

PREFACE

擦亮北京"金名片"

段柄仁

北京是中华民族的一张"金名片"。"金"在何处？可以用四句话描述：历史悠久、山河壮美、文化璀璨、地位独特。

展开一点说，这个区域在70万年前就有远古人类生存聚集，是一处人类发祥之地。据考古发掘，在房山区周口店一带，出土远古居民的头盖骨，被定名为"北京人"。这个区域也是人类都市文明发育较早，影响广泛深远之地。据历史记载，早在3000年前，就形成了燕、蓟两个方国之都，之后又多次作为诸侯国都、割据势力之都；元代作为全国政治中心，修筑了雄伟壮丽、举世瞩目的元大都；明代以此为基础进行了改造重建，形成了今天北京城的大格局；清代仍以此为首都。北京作为大都会，其文明引领全国，影响世界，被国外专家称为"世界奇观""在地球表面上，人类最伟大的个体工程"。

北京人文的久远历史，生生不息的发展，与其山河壮美、宜生宜长的自然环境紧密相连。她坐落在华北大平原北缘，"左环沧海，右拥太行，南襟河济，北枕居庸""龙蟠虎踞，形势雄伟，南控江淮，北连朔漠"。是我国三大地理单元——华北大平原、东北大平原、蒙古高原的交汇之处，是南北通衢的纽带，东西连接的龙头，东北亚环渤海地区的中心。这块得天独厚的地域，不仅极具区位优势，而且环境宜人，气候温和，四季分明。在高山峻岭之下，有广阔的丘陵、缓坡和平川沃土，永定河、潮白河、拒马河、温榆河和蓟运河五大水系纵横交错，如血脉遍布大地，使其顺理成章地成为人类祖居、中华帝都、中华人民共和国首都。

这块风水宝地和久远的人文历史，催生并积聚了令人垂羡的灿烂文化。文物古迹星罗棋布，不少是人类文明的顶尖之作，已有1000余项被确定为文物保护单位。周口店遗址、明清皇宫、八达岭长城、天坛、颐和园、明清帝王陵和大运河被列入世界文化遗产名录，60余项被列为全国重点文物保护单位，220余项被列为市级文物保护单位，40片历史文化街区，加上环绕城市核心区的大运河文化带、长城文化带、西山永定河文化带和诸多的历史建筑、名镇名村、非物质文化遗产，以及数万种留存至今的历史典籍、志鉴档册、文物文化资料，《红楼梦》、"京剧"等文学艺术明珠，早已成为传承历史文明、启迪人们智慧、滋养人们心灵的瑰宝。

中华人民共和国成立后，北京发生了深刻的变化。作为国家首都的独特地位，使这座古老的城市，成为全国现代化建设的领头雁。新的《北京城市总体规划（2016年—2035年）》的制定和中共中央、国务院的批复，确定了北京是全国政治中心、文化中心、国际交往中心、科技创新中心的性质和建设国际一流的和谐宜居之都的目标，大大增加了这块"金名片"的含金量。

伴随国际局势的深刻变化，世界经济重心已逐步向亚太地区转移，而亚太地区发展最快的是东北亚的环渤海地区、这块地区的京津冀地区，而北京正是这个地区的核心，建设以北京为核心的世界级城市群，已被列入实现"两个一百年"奋斗目标、中国梦的国家战略。这就又把北京推向了中国特色社会主义新时代谱写现代化新征程壮丽篇章的引领示范地位，也预示了这块热土必将更加辉煌的前景。

北京这张"金名片"，如何精心保护，细心擦拭，全面展示其风貌，尽力挖掘其能量，使之永续发展，永放光彩并更加明亮？这是摆在北京人面前的一项历史性使命，一项应自觉承担且不可替代的职责，需要做整体性、多方面的努力。但保护、擦拭、展示、挖掘的前提是对它的全面认识，只有认识，才会珍惜，才能热爱，才可能尽心尽力、尽职尽责，创造性完成这项释能放光的事业。而解决认识问题，必须做大量的基础文化建设和知识普及工作。近些年北京市有关部门在这方面做了大量工作，先后出版了《北京史》（10卷本）、《北京百科全书》（20卷本），各类志书近900种，以及多种年鉴、专著和资料汇编，等等，为擦亮北京这张"金名片"做了可贵的基础性贡献。但是这些著述，大多是服务于专业单位、党政领导部门和教学科研人员。如何使其承载的知识进一步普及化、大众化，出版面向更大范围的群众的读物，是当前急需弥补的弱项。为此我们启动了《京华通览》系列丛书的编写，采取简约、通俗、方便阅读的方法，从有关北京历史文化的大量书籍资料中，特别是卷帙浩繁的地方志书中，精选当前广大群众需要的知识，尽可能满足北京人以及关注北京的国内外朋友进一步了解北京的历史与现状、性质与功能、特点与亮点的需求，以达到"知北京、爱北京，合力共建美好北京"的目的。

这套丛书的内容紧紧围绕北京是全国的政治、文化、国际交往和科技创新四个中心，涵盖北京的自然环境、经济、政治、文化、社会等各方面的知识，但重点是北京的深厚灿烂的文化。突出安排了"历史文化名城""西山永定河文化带""大运河文化带""长城文化带"四个系列内容。资料大部分是取自新编北京志并进行压缩、修订、补充、改编。也有从已出版的北京历史文化读物中优选改编和针对一些重要内容弥补缺失而专门组织的创作。作品的作者大多是在北京志书编纂中捉刀实干的骨干人物和在北京史志领域著述颇丰的知名专家。尹钧科、谭烈飞、吴文涛、张宝章、郗志群、马建农、王之鸿等，都有作品奉献。从这个意义上说，这套丛书中，不少作品也可称"大家小书"。

总之，擦亮北京"金名片"，就是使蕴藏于文明古都丰富多彩的优秀历史文化活起来，充满时代精神和首都特色的社会主义创新文化强起来，进一步展现其真善美，释放其精气神，提高其含金量。

2017 年 11 月

目录

CONTENTS

概　述 / 1

夏、商、西周至春秋、战国时期

夏、商、西周 / 5

春秋、战国 / 10

秦与两汉时期

秦 / 13

西　汉 / 14

新　莽 / 17

东　汉 / 18

魏晋、十六国、北朝时期

魏 / 23

西　晋 / 25

	十六国 / 28
	北　魏 / 33
	东　魏 / 37
	北　齐 / 43
	北　周 / 47
隋、唐、五代时期	隋 / 50
	唐 / 53
	五代（梁与唐）/ 63
辽、宋、金时期	辽 / 69
	北　宋 / 75
	金 / 78
元、明、清时期	元 / 90
	明 / 101
	清 / 118
中华民国时期	中华民国 / 137
中华人民共和国时期	中华人民共和国 / 157

后　记 / 177

概　述

　　行政建置是国家制度之一端，是社会管理之基础和手段，是一地历史发展之主脉，其重要性不言自明。故自古撰修方志者，无不于首卷专记一方之建置，稽察本始，明晰分野，条缕沿革，以观兴废。

　　北京之建置，周初始趋明朗，演变至今，已历三千余年。其间，或因朝代更替，或因时势变幻，沿革纷繁，错综复杂，诸如名称更改、郡县置废、级别升降、治所迁移、隶属变化、边界调整等，代有发生，不绝于史。

　　北京地处华北大平原北端，右拥太行，左环沧海，北枕居庸，南襟河济，地理位置重要，山川形胜优越。

　　夏，地属冀州。商、周，地属幽州。周武王克商，封黄帝（一说帝尧）之后于蓟，继封召公奭于燕，今北京地区始为蓟、燕二诸侯国之地。后蓟微燕盛，燕并蓟。其间，今北京之前身蓟城先后为蓟、燕二封国之都。

秦统一六国后，为强化中央集权，废分封制，实行郡县制。今北京地区分属广阳、上谷、渔阳三郡。

西汉实行郡县与分封王国侯国并行制。今北京地区分属上谷、渔阳二郡和燕国（后改广阳国）。汉武帝分全国为十三州刺史部，幽州为其一。但西汉之州为监察区，州刺史无固定治所。至东汉，州始为一级政区，形成州、郡、县三级行政建置。延至北朝，基本未变。其间，今北京地区主要有幽州和燕郡（国），郡（国）下领县若干。东魏时，塞外州郡县内徙，使今北京地区行政建置复杂化。

隋唐五代，行政建置主要为州、县或郡、县二级制。在少数州（郡）置总管府，如幽州。唐代初分全国为十道，后增为十五道。道的性质与职能如同西汉之十三州刺史部。幽州属河北道。唐前期有大批羁縻州县侨治幽州境内。

辽代升幽州为南京，亦称燕京，建为陪都。秦汉至隋唐间北方重镇蓟城或幽州城的名称消失，但城市政治地位开始抬升。辽代实行道、府、州、县四级行政建置。今北京地区主要是南京道和析津府，下领州县若干。析津、宛平二县依郭。

金海陵王迁都燕京，改名中都，是今北京正式建都之始，时在 1153 年。金代实行路、府、州、县四级行政建置。今北京地区主要为中都路和大兴府，下领州县若干。大兴、宛平依郭，直至清代不变。

元代改中都为大都，建新城，今北京始成为全国统一政权之首都，历明、清至民国前期不变。元代实行省（行省）、路、府、州、县五级行政建置。今北京地区属中书省（腹里）、大都路和大兴府，路、府下领州县若干。

明代实行布政使司（省）、府、州、县四级行政建置。今北京地区属京师（又称北直隶）、顺天府，府下领州、县，州下亦领县。

清代行政建置基本同明，分省、府（厅）、直隶州（厅）、州、县五级制。今北京地区属直隶省、顺天府、宣化府。直隶州领县，一般州不领县。清顺天府下又设东、西、南、北四路同知，亦称四路厅，非一级行政区。清末，北京城内始有警巡区的划分。

民国前期，北洋政府仍以北京为都。初，废顺天府，改置京兆特别区，又废州称县。1928年国都南迁，南京国民政府令改北京为北平，置北平特别市。这是北京正式建市之始。北平特别市只辖城区和近郊，范围同清代城属。原京兆特别区亦废，属县改隶河北省（直隶省改名）。1930年北平特别市降为北平市，属河北省，直至北平和平解放。北平特别市和北平市划分为若干区，为市、区二级行政建置。

1949年10月1日始，北京成为新生的中华人民共和国的首都，为全国的政治中心和文化中心。北京市为中央直辖市。后不断调整行政区划，1956—1958年间，将河北省昌平、良乡、房山、大兴、通县、顺义、平谷、密云、怀柔、延庆等县划归北京市，形成今北京市行政区域。

现行北京市行政建置为市、区二级行政建制，共有16个区。

纵观今北京市行政区域所在范围的历代行政建置，虽复杂多变，但脉络清楚，具有一定的历史继承性。

夏、商、西周至春秋、战国时期

北京的建置沿革，从夏商起，武王克商，封黄帝之后于蓟，封召公奭于燕，北京地区始为燕、蓟封国之地。后蓟微燕盛，蓟为燕所灭，蓟地俱入于燕。其间，北京先后为蓟、燕封国之都。

夏、商、西周

远古时代,"画野无闻"。

《晋书·地理志》:"昔者元胎无象,太素流形,对越在天,以为元首,则《(史)记》所谓冬居营窟,夏居橧巢,饮血茹毛,未有麻丝者也。及燧人钻火,庖牺出震,风宗下武,炎胤昌基,画野无闻,总归一揆。"按属于旧石器时代的"北京人""新洞人""山顶洞人",正处其时。

传说中的三皇五帝时代,开始画野经疆。幽陵、幽都、幽州三个古老地名覆盖北京大地。

《汉书·地理志》:"昔在黄帝,作舟车以济不通,旁行天下,方制万里,画野分州,得百里之国万区。"

《晋书·地理志》:"帝尧时,禹平水土,以为九州。虞舜登庸,厥功弥劭,表提类而分区宇,判山河而考疆域。冀北创并部之名,燕齐起幽、营之号,则《(尚)书》所谓肇十有二州,封十有二山者也。"

《史记·五帝本纪》:舜"请流共工于幽陵"。《庄子·在宥》:舜"流共工于幽都"。《尚书·尧典》:舜"流共工于幽洲(州)"。

《括地志》:"故龚城在檀州(今密云)燕乐县。故老相传,舜流共工幽州,居此城。"《昌平山水记》:"共城在(密云)县东

6 / 北京建置概说

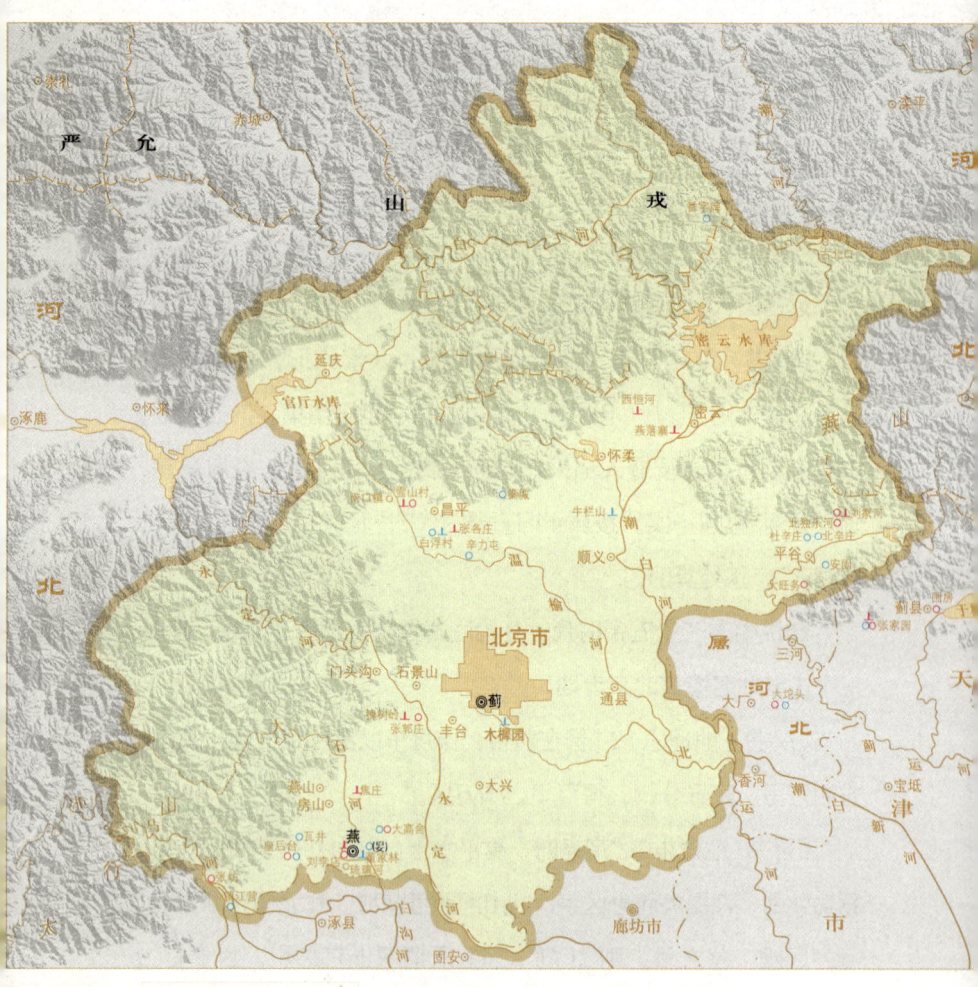

商、西周（前16世纪—前771年）

符号	说明
◎	都　　　城
○	商 时 期 遗 址
⊥	商 时 期 墓 葬
○	西 周 时 期 遗 址
⊥	西 周 时 期 墓 葬

北五十里，亦作龚城。"

夏，地属冀州。

《禹贡》："冀州既载壶口，治梁及岐。既修太原，至于岳阳。覃怀厎绩，至于衡漳……恒卫既从，大陆既作，鸟夷皮服，夹右碣石入于河。"

《汉书》师古注："两河间曰冀州"。

商，地属幽州。燕、亳为方国。燕，本作妟，或匽，或郾；亳亦作邶。

三国魏孙炎注《尔雅》，以《尔雅·释地》之九州为殷制。《尔雅·释地》："燕曰幽州。"

《左传》昭公九年："及武王克商，肃慎、燕、亳，吾北土也。"

《北京通史》："燕国之'燕'字，在文献中写作'燕'，而在金文和甲骨文中则写作'郾''匽'或'妟'……而'妟'字是最早的写法。甲骨文中的'妟'字是方国名称，这个方国应该就是文献中的'燕国'。但这个燕国不是西周时期的燕国，而是活动于商代的古燕国。"

王国维《北伯鼎跋》："彝器中多北伯北子器，不知出于何所。光绪庚寅，直隶涞水县张家洼又出北伯器数种。余所见拓本有鼎一、卣一。鼎文云'北伯作鼎'，卣文云'北伯䰉作宝尊彝'。北盖古之邶国也……余谓邶即燕。"（见《观堂集林》卷十八）

西周，地属幽州。周武王封立蓟、燕二国。

8 / 北京建置概说

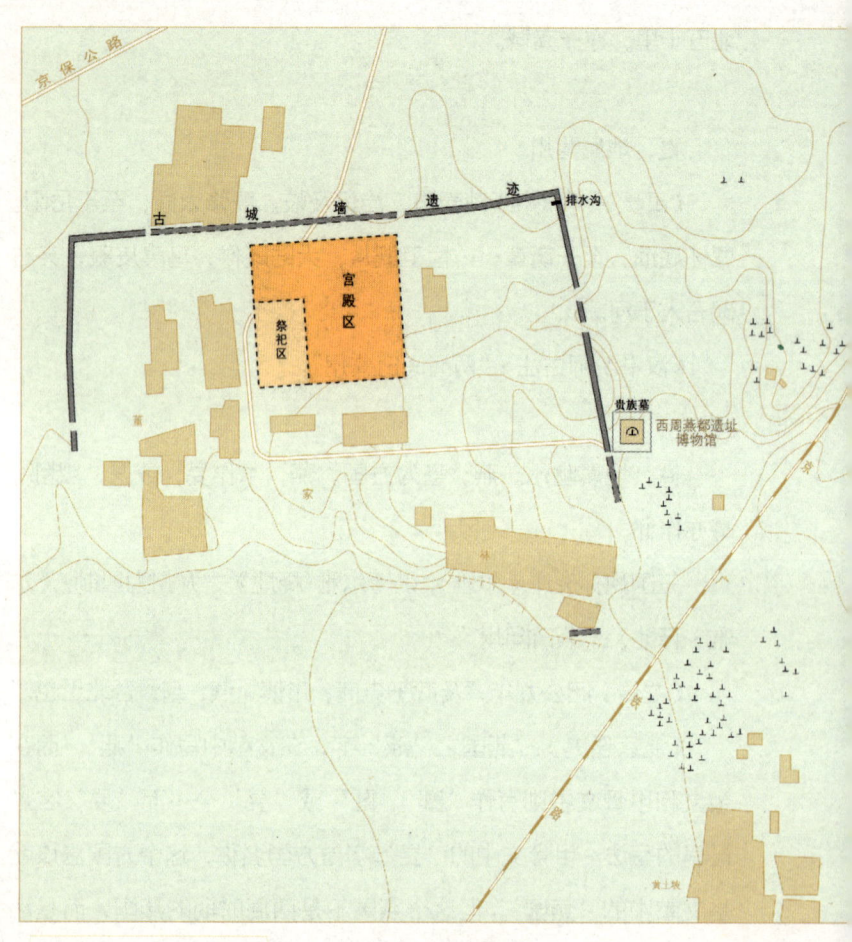

琉璃河西周燕都遗址

《周礼·职方》:"东北曰幽州。"

《史记·周本纪》:"武王追思先圣王,乃褒封……帝尧之后于蓟……封召公奭于燕。"

《史记·燕召公世家》:"周武王之灭纣,封召公于北燕。"

《礼记·乐记》:"武王克殷,反商,未及下车,而封黄帝之后于蓟。"

《史记·周本纪·正义》:"蓟、燕二国俱武王立,因燕山、蓟丘为名,其地足自立国。蓟微燕盛,乃并蓟居之,蓟名遂绝焉。"

按蓟国都蓟,在今北京广安门一带;燕国都燕,在今房山区琉璃河镇北董家林一带。

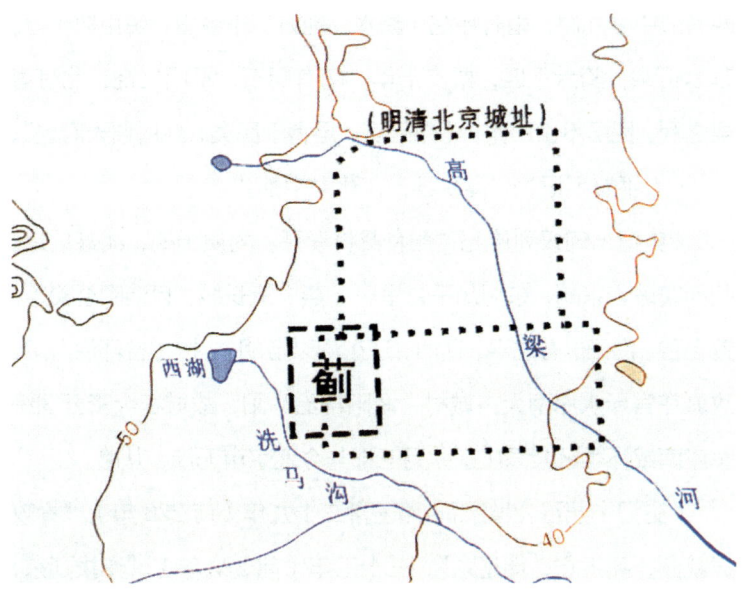

蓟城位置图

春秋、战国

春秋至战国时期，燕国之都为蓟城，良乡则为燕之中都。战国后期，地属燕之上谷、渔阳二郡。

《韩非子·有度》："燕襄王以河为境，以蓟为国。"按燕襄王即燕昭公，双谥，又作燕昭襄王，于燕襄公元年（前657年）至燕襄公四十年（前618年）在位。"国"即都城。

《战国策·燕一》：燕国"东有朝鲜、辽东，北有林胡、楼烦，西有云中、九原，南有呼沱、易水。地方二千余里，带甲数十万，车七百乘，骑六千匹，粟支十年。南有碣石、雁门之饶，北有枣栗之利，民虽不由田作，枣栗之实，足食于民矣。此所谓天府也"。

《太平寰宇记》："良乡县，在燕为中都。"

《史记·匈奴列传》："燕有贤将秦开，为质于胡，胡甚信之。归而袭破走东胡，东胡却千余里……燕亦筑长城，自造阳至襄平。置上谷、渔阳、右北平、辽西、辽东郡以拒胡。"按上谷郡治沮阳，故城在官厅水库南大古城村；渔阳郡治渔阳，故城在今密云区统军庄南或怀柔区梨园庄东。另三郡与今北京市无涉，从略。

《史记·燕召公世家》：燕王喜二十九年（前226年），"秦攻拔我蓟，燕王亡，徙辽东"。三十三年（前222年），"秦拔辽东，虏燕王喜，卒灭燕"。

秦与两汉时期

秦一统六国后，为强化中央集权，遂废封国，始行郡县之制。北京地区分属渔阳、上谷二郡。汉代，出现州一级行政建置，形成州、郡、县三级制，此制一直延至北朝而不变。此间，北京地区涉及的行政建置主要有郡、国、州、县等几级。

秦　始皇三十七年
　（前210年）

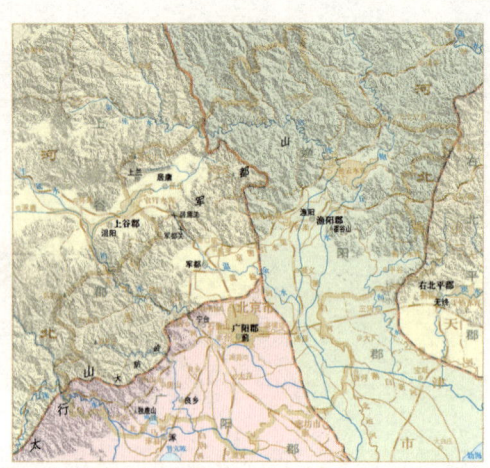

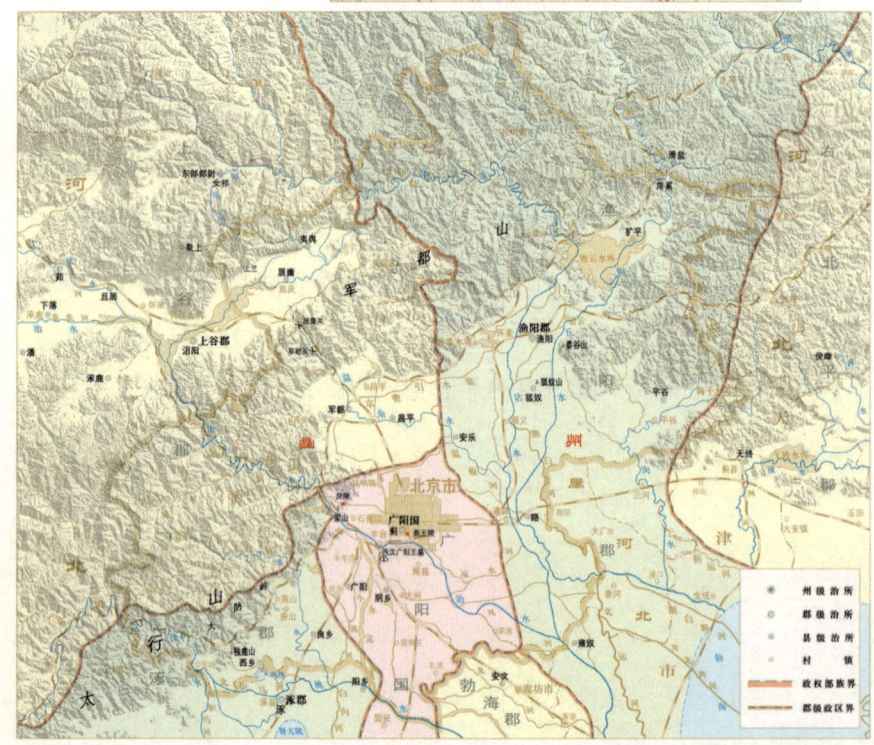

西汉　元始二年（2年）

秦

秦始皇灭六国，建立中国历史上第一个中央集权的秦王朝，废分封制，行郡县制。

秦属广阳、上谷、渔阳三郡地，县有蓟、良乡、渔阳、军都、居庸、上兰等。

《汉书·地理志》：秦"以为周制微弱，终为诸侯所丧，故不立尺土之封，分天下为郡县"。

《史记·秦始皇本纪》："分天下以为三十六郡，郡置守、尉、监。"

《水经注·灅水》："灅水又东北迳蓟县故城南……武王封召公之故国也。秦始皇二十三年（前224年）灭燕，以为广阳郡。"

全祖望《汉书地理志稽疑》："燕之五郡（指上谷、渔阳、右北平、辽西、辽东五郡）皆燕所旧置，以防边也。渔阳四郡在东，上谷郡在西，而其国都不豫焉。自蓟至涿三十余城，始皇无不置郡之理，亦无反并内地于边郡之理？且始皇之并六国也，其国都如赵之邯郸，魏之砀，楚之江陵、陈、九江，齐之临淄，无不置郡者，何以独燕无之？"

王国维《秦郡考》："《水经·灅水注》言秦始皇二十一年（有的版本作二十三年）灭燕，以为广阳郡，高帝以封卢绾为燕王，更曰燕国。全氏祖望《地理稽疑》力主是说。由今日观之，此郡之果名广阳与否，虽不可知，然其置郡之说，殊不可易。"

《太平寰宇记》："燕称王十叶，至始皇灭燕，置三十六郡，以燕都及燕之西陲为上谷郡。"

《读史方舆纪要》："秦始皇二十一年，王贲取燕蓟城，因置蓟县，属上谷郡。"

秦代的县，见于《北京历史地图集》记载有蓟、良乡、军都、渔阳、居庸、上兰等。

西　汉

西汉，分属广阳国、上谷郡、渔阳郡、涿郡，县有蓟、广阳、阴乡、居庸、军都、夷舆、渔阳、路、狐奴、安乐、平谷、犀奚、犷平、良乡、西乡等。

广阳国　《汉书·地理志》：广阳国，治蓟，领四县。蓟、广阳、阴乡三县在今北京市境。

蓟　《新斠注地理志集释》："蓟，今顺天府城。"《大清一统志》："蓟县故城在大兴县（治东城大兴胡同）西南。"《太平寰宇记》："蓟城南北九里，东西七里。"

广阳　《大明一统志》："广阳城在良乡县东，汉旧县。"《大清一统志》:"广阳故城在良乡县东北十里,汉置县。"

阴乡 《新斠注地理志集释》:"阴乡在今顺天府城南。"

《读史方舆纪要》:"阴乡废县,(顺天)府西南二十五里,汉置阴乡县,属广阳国。"

上谷郡 《汉书·地理志》:上谷郡,治沮阳,领十五县。军都、居庸、夷舆三县在今北京市境。昌平县另有说法。

军都 《大清一统志》:"军都故城在昌平州西十七里,汉置县。"《光绪顺天府志》:昌平州西北"十五里红泥沟、西辛店,十七里古城,盖军都故城也"。

居庸 《大清一统志》:"居庸故城在延庆州东,汉置县,属上谷郡。"

夷舆 《大清一统志》:"夷舆故城在延庆州东北,汉置县,属上谷郡。"

昌平 《水经注》:"㶟水又东迳昌平县故城北,王莽之长昌也。"按此西汉昌平,在今河北省阳原县境。但《大清一统志》:"昌平故城在今昌平州东南,汉置县。"按此指东汉昌平。

渔阳郡 《汉书·地理志》:渔阳郡,治渔阳,领十二县。渔阳、狐奴、安乐、路、平谷、犀奚、犷平七县在今北京市境。

渔阳 《读史方舆纪要》:"渔阳城,孔颖达云在(密云)县南十八里,秦郡治此。(秦)二世发闾佐戍渔阳,即此城也。"《大清一统志》:"渔阳故城在密云县西南三十里……秦二世发闾佐戍渔阳，即此。汉置渔阳县，为郡治。"

狐奴 《大明一统志》："狐奴城在顺义东北狐奴山。"《大清一统志》："狐奴故城在顺义县东北三十里，汉置县。"

安乐 《水经注》："灅余水（今温榆河）又东南流经安乐故城西，更始使谒者韩鸿北徇，承制拜吴汉为安乐令，此城也。"《后汉书》李贤注："安乐故城在今（唐）幽州潞县西北。"按指今顺义西南之古城。

路 《大清一统志》："潞县故城在通州东，汉置县，以潞水为名。"《历代地理志韵编今释》："路，西汉县，（属）渔阳郡，今直隶顺天府通州东八（里）。"

平谷 《大清一统志》："平谷故城在今平谷县东北，汉置县。"按西汉平谷县城在平谷东北大北关近处。

厗奚 《水经注》：鲍邱水"又南经厗奚县故城东，王莽更之曰敦德也"。《大清一统志》："厗奚故城在密云县东北口外，犷平城东北，汉置厗奚县，属渔阳郡。"按西汉厗奚县故城当在古北口内、潮河西。

犷平 《水经注》："鲍邱水又西南经犷平县故城东，王莽之所谓平犷也。又南合三城水（今密云东北清水河）。"《大清一统志》："犷平故城在密云县东北，汉置县，属渔阳郡。"按西汉犷平县城在今密云东北石匣附近。

涿郡 《汉书·地理志》：涿郡，治涿，领二十九县，良乡、西乡二县在今北京市境。

良乡 《水经注》："圣水南流历（良乡）县，西转，又南经良乡县故城西，王莽之广阳也。"《大清一统志》："良乡故城在房山东，汉置县。"按汉良乡故城即房山区窦店西古城。

西乡 《水经注》：圣水"又东与侠河合。水出良乡县西甘泉东谷，东经西乡县故城北，王莽之移风也"。《大清一统志》："西乡故城在涿州西北。汉元帝初元五年（前44年）封广阳顷王子（刘）容为侯国，属涿郡。"按西汉西乡故城在今房山区长沟东。

此外，《汉书·武帝纪》：汉武帝元封五年（前106年），"初置刺史部十三州"，幽州为其一。但西汉幽州为监察区，非行政区。幽州刺史无定所。

新 莽

王莽篡汉，建立新朝，滥改郡县名称。时分属广有、朔调、通潞、垣翰诸郡，县有伐戎、广阳、阴顺、军都、居庸、朔调亭、得渔、举符、安乐、通潞亭、平谷、敦德、平犷、移风等。

《汉书·地理志》：广阳国，"莽曰广有"。上谷郡，"莽曰朔调"。渔阳郡，"莽曰通潞"。涿郡，"莽曰垣翰"。

《汉书·地理志》：广阳国下，蓟县，"莽曰伐戎"；阴乡，"莽曰阴顺"。上谷郡下，夷舆，"莽曰朔调亭"；昌平，"莽曰长昌"。渔阳郡下，渔阳，"莽曰得渔"；狐奴，"莽曰举符"；路，"莽曰通潞亭";犀奚,"莽曰敦德";犷平,"莽曰平犷"。涿郡下,良乡,"莽曰广阳";西乡,"莽曰移风"。军都、居庸、安乐、平谷四县未改名。又良乡既改名广阳,原广阳国属之广阳县,新莽当已省废,否则几十里地间并存二广阳县,实难理解。

东　汉

光武中兴,恢复汉制。东汉幽州成为一级政区,治蓟。又郡县多有省并或迁徙。时分属幽州广阳郡、上谷郡、渔阳郡、涿郡,有蓟、广阳、军都、昌平、居庸、渔阳、狐奴、安乐、潞、平谷、俾奚、犷平、良乡等县。

幽州　《后汉书·光武帝纪》:建武二年(26年)二月,"渔阳太守彭宠反,攻幽州牧朱浮于蓟"。《后汉书注》:"经王莽变革,至建武元年(25年)复置(州)牧"。《后汉书·郡国志》:"蓟本燕国,(幽州)刺史治。"

广阳郡　《后汉书·郡国志》:"广阳郡,高帝置,为燕国。昭帝更名为郡。世祖省并上谷,永元八年(96年)复。"《后汉书·光武帝纪》:建武二年(26年)四月,"封叔父刘良为广阳王"。按广阳国复置。五年(29年)三月,"徙广阳王良为赵王",广阳国除，复为郡。十三年（37年）二月，"省并西京十三国……广阳属上谷"。

按广阳郡省并于上谷郡。《后汉书·和帝纪》：永元八年（96年）九月，"复置广阳郡"。《后汉书·郡国志》：广阳郡治蓟，领五县。蓟、广阳、昌平、军都四县在今北京市境。

蓟　广阳　军都　（西汉属上谷郡）所在同西汉，从略。

昌平　《后汉书·郡国志》："昌平，故属上谷。"《水经注》：灅余水"又东流，易荆水注之。其水导源西北……东南流经郁山（昌平东绵山，又称宜山）西，谓之易荆水……易荆水又东，左合虎眼泉水……又东南，与孤山之水合……又东经蓟城（北），又东经昌平县故城南，又谓之昌平水。《魏氏土地记》曰：'蓟城东北一百四十里有昌平城，城西有昌平河。'（易荆水）又东流注灅余水"。按易荆水今名孟祖河。《大清一统志》："昌平故城在今昌平州东南，汉置县。"《括地志》："昌平故城在幽州（昌平县）东南六十里。"按唐昌平县在今昌平西八里旧县村。

上谷郡　治沮阳，领八县，居庸一县在今北京市境。

居庸　同西汉。

渔阳郡　《后汉书·郡国志》：郡治渔阳（东汉初治潞），领九县，渔阳、狐奴、潞、平谷、安乐、傂奚、犷平七县在今北京市境。

渔阳　狐奴　安乐　同西汉。

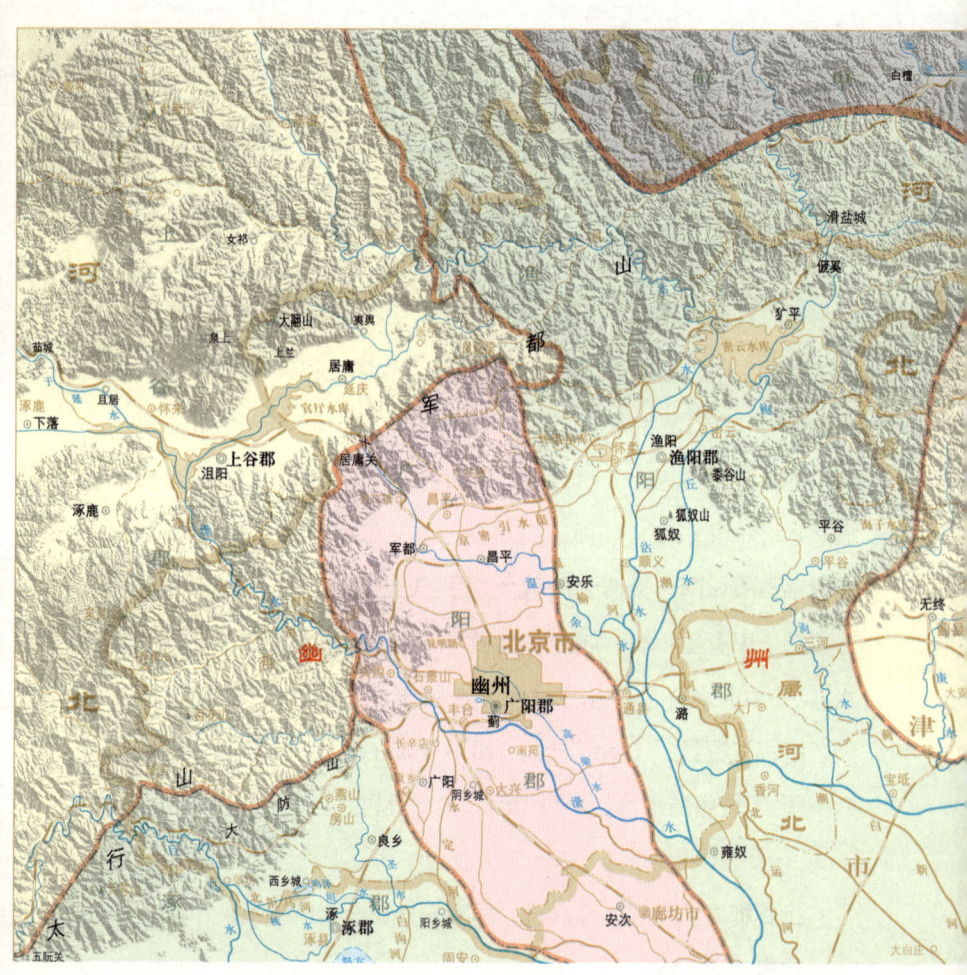

东汉 永和五年（140年）

潞　《水经注》：鲍邱水"又南经潞县故城西，王莽之通潞亭也……屈而东南流，经潞城南，世祖拜彭宠为渔阳太守，治此"。同书引《魏氏土地记》："（潞）城西三十里有潞河。"《北京历史地图集》：东汉潞县治定于今三河县西南潮白河畔城子村。

平谷　《水经注》：鲍邱水东经雍奴县北，"又东与泃河合。水出右北平无终县西山白杨谷，西北流经平谷县，屈西南流，独乐水入焉。水出北抱犊崮，南经平谷县故城东（西汉平谷故城）……其水南流入于泃。泃水又左合盘山水……泃水又东（当为西）南经平谷县故城东，南与洳河会"。按东汉平谷县城在今平谷城处。

傂奚　《水经注》：洳水（今错河）"水出北山，山在傂奚县故城东南"。《读史方舆纪要》："厗奚废县在（密云）县东南。"按东汉傂奚县故城在今密云东南，与西汉异。

犷平　《三国志·魏书·武帝纪》：建安十年（205年），"三郡乌丸攻鲜于辅于犷平"。秋八月，魏太祖"乃渡河救犷平，乌丸奔走出塞"。《读史方舆纪要》："犷平城在（蓟）州西，汉县，属渔阳郡。"按东汉犷平县故城在今蓟县西，与西汉异。

涿郡　《后汉书·郡国志》：涿郡治涿县，领七县，良乡一县在今北京市境。

良乡　同西汉。

魏晋、十六国、北朝时期

　　魏晋十六国时期，历时200余年。这一时期的行政建置是州、郡（国）、县三级制，但因政权频更，战乱不休，建置极为混乱。

　　北朝时期，北魏、东魏、北齐、北周4个王朝与今北京地区行政建置有关。

魏

三国魏，制略同汉。魏武废幽州，省渔阳。文帝复置。后郡国县道多所置省，俄或还复。曹魏之世，分属幽州之燕国、渔阳郡、上谷郡、范阳郡，县有蓟、昌平、军都、广阳、渔阳、潞、安乐、居庸、良乡等。

幽州 《三国志·魏书·武帝纪》：建安十八年（213年）正月，"诏书并十四州，复为九州"。按幽州并入冀州。同书《崔林传》："文帝践阼，拜尚书，出为幽州刺史。"按是为文帝复置幽州之证。《太平寰宇记》："至（汉）献帝又废（广阳）郡，复立幽州，理于蓟。"钱仪吉《三国会要·舆地三》：魏幽州治蓟，统十二郡国，燕国、渔阳郡、上谷郡、范阳郡与今北京市境有关。然清杨晨《三国会要》与洪亮吉《补三国疆域志》说略异：其一，谓三国魏幽州治涿；其二，谓幽州统十一郡国，内无渔阳郡。本书取钱氏说。

燕国 本广阳郡，《三国志·魏书·曹仁传》："拜广阳太守。"同书《明帝纪》：太和六年（232年）二月，诏："古之帝王，封建诸侯，所以藩屏王室也……大魏创业，诸王开国，随时之宜，未有定制，非所以永为后法也。其改封诸侯王，皆以郡为国。"

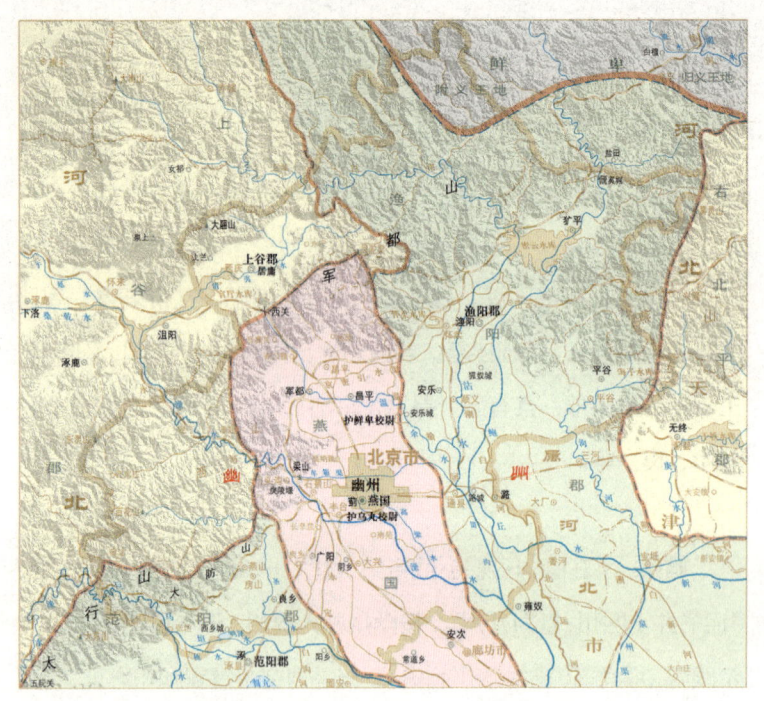

三国（魏）　景元三年（262年）

遂徙封下邳王曹宇为燕王，广阳郡改为燕国。钱氏《三国会要》：燕国治蓟，领县五，蓟、昌平、军都、广阳四县在今北京市境。

蓟　昌平　军都　广阳　同东汉。

渔阳郡　《晋书·地理志序》：魏武帝省渔阳郡，故杨氏《三国会要》、洪氏《补三国疆域志》均于幽州所统郡国中不列渔阳之名。但《三国志·魏书·明帝纪》：景初二年（238年）六月，"省渔阳郡之狐奴县，复置安乐县"。同书《田豫传》称豫为"渔阳雍奴人"，皆证魏有渔阳郡。钱氏《三国会要》:渔阳郡,治渔阳,领县五，渔阳、潞、安乐三县在今北京市境。

渔阳、潞 二县同东汉。安乐县曾废，景初二年复置，说见上文。《水经注》："沽水（白河）又南经安乐县故城东。《晋书地道记》曰：'晋封刘禅为公国'。"是知魏明帝省狐奴县而复置安乐县时，安乐县治有迁移。今顺义西北衙门村旧称安乐，东近沽水，当即三国魏之安乐县治所在。又东汉渔阳郡所属之傂奚、犷平、平谷等县，皆废于魏文帝时。

上谷郡 钱氏《三国会要》：上谷郡，治居庸，领县六，居庸一县在今北京市境。

居庸 《水经注》：沧河（妫水河）"又西经居庸县故城南，魏上谷郡治"。居庸即今延庆。

范阳郡 钱氏《三国会要》：范阳郡旧名涿郡，魏文帝黄初七年（226年）改名范阳。治涿，领县八，良乡一县在今北京市境。

良乡 治所同汉。

西　晋

西晋之世，分属幽州之燕国、上谷郡、范阳国，县有蓟、昌平、军都、广阳、潞、安乐、狐奴、居庸、良乡等。

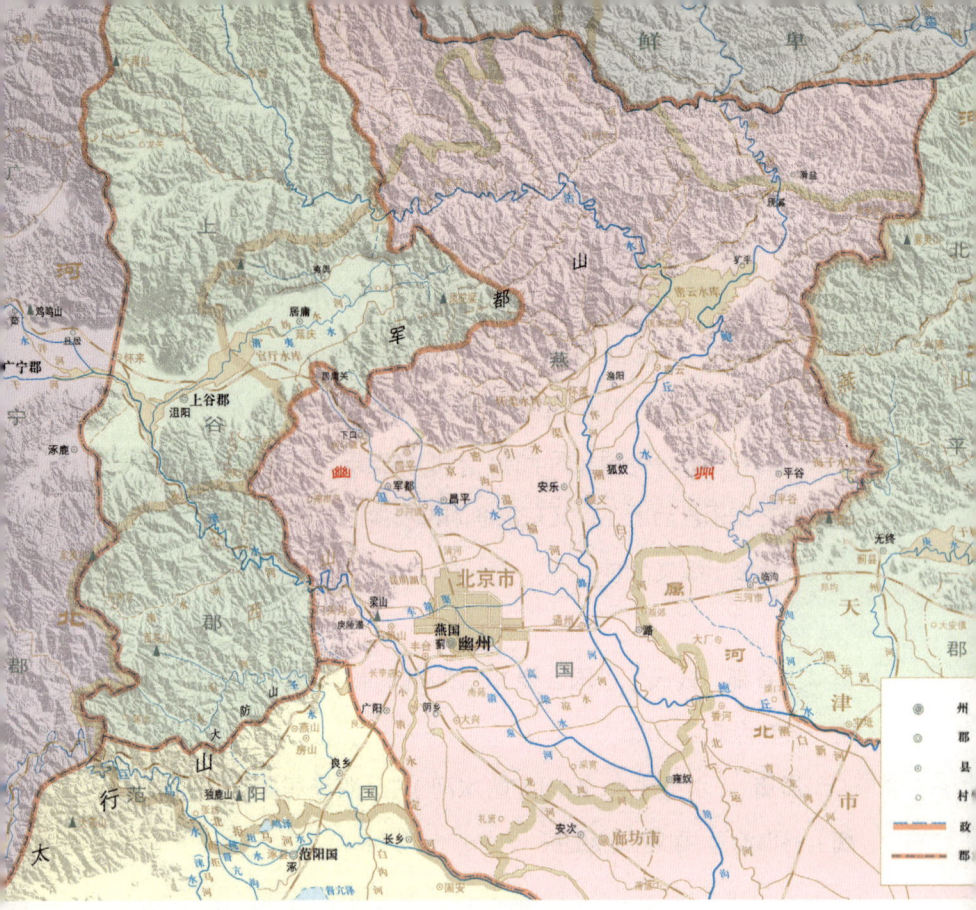

西晋　建兴四年（316年）

幽州　《晋书·地理志》幽州治范阳国，统郡国七，燕国、上谷郡、范阳国与今北京市境相涉。

燕国　《晋书·武帝纪》：晋武帝泰始元年（265年）封司马机为燕王。《晋书·地理志》：燕国，治蓟，领县十，蓟、昌平、军都、广阳、潞、安乐、狐奴七县在今北京市境。

蓟　军都　广阳　狐奴　四县治所同西汉。狐奴当于魏中期复置，《三国志·魏书·三少帝纪》："自帝（齐王曹芳）即位至于是岁（正始五年），郡国县道多所置省，俄或还复，不可胜纪。"

昌平　潞　二县治所同东汉。

安乐县　治所同魏。

附记：1965年于北京西郊八宝山革命公墓之西里许，发现西晋幽州刺史王浚妻华芳墓，墓志铭云"假葬于燕国蓟城西二十里"。墓中出土晋代骨尺（合今24.2厘米），对确定蓟城位置有重要意义。

上谷郡　《晋书·地理志》：上谷郡治沮阳，领二县，居庸县在今北京市境。

居庸　《晋书·惠帝纪》：永平四年（291年）八月，上谷居庸县地震，"地陷裂，水泉涌出，人有死者"。《水经注》：沧水（妫水河）"又西南，右合地裂沟。故老云'晋世地裂，分此界间成沟壑'。有小水，俗谓之分界水，南流入沧河（分界水在今延庆东王泉营附近）。又西经居庸县故城南，魏上谷郡治"。按晋居庸县治在今延庆。上谷郡治由居庸迁沮阳，当因地震所致。

范阳国　《晋书·地理志》：范阳国治涿，领八县，良乡一县在今北京市境。

良乡　治所同汉。

十六国

十六国时期，后赵、前燕、前秦、后燕先后占有幽州地区，建置大致相承。分属幽州燕郡或燕国、上谷郡、渔阳郡、范阳郡，县有蓟、昌平、军都、广阳、居庸、渔阳、潞、安乐、狐奴、平谷、良乡等。

幽州 晋愍帝之后，幽州没于石勒。后赵为羯人石勒建，历三十二年，都襄国（邢台）。《晋书·孝愍帝纪》：建兴二年（314年），"石勒陷幽州"。洪亮吉《十六国疆域志》：后赵幽州治蓟，统五郡，燕郡、渔阳郡、上谷郡、范阳郡与今北京市境相涉。

燕郡 《十六国疆域志》：与幽州同治蓟城，领五县，蓟、昌平、军都、广阳四县在今北京市境。

蓟　昌平　军都　广阳 四县治所同晋。

渔阳郡 《十六国疆域志》：后赵复置，治渔阳，领六县，渔阳、潞、安乐、狐奴四县在今北京市境。又《读史方舆纪要》："平谷城，在（通）州北。汉置县，属渔阳郡。晋省，石赵复置。北魏太平真君七年废入潞县。"是后赵有平谷县之证，当属渔阳郡。

渔阳　治所同汉。

潞　安乐　狐奴　三县治所同晋。

平谷县　石赵复置之，当在通州北。

上谷郡　《十六国疆域志》：上谷郡治沮阳，领二县，居庸县在今北京市境。

居庸县　治所同晋。

范阳郡　《十六国疆域志》：范阳郡治涿，领八县，良乡县在今北京市境。

良乡　治所同晋。

前燕为鲜卑人慕容皝（huàng）建，历三十三年，初都和龙。《晋书·载记》：东晋穆帝永和五年（349年），慕容皝死，子慕容儁（jùn）即燕王位。翌年，儁率军南伐，攻陷蓟城，遂以为都。八年（352年），慕容儁即皇帝位，建元元玺。前燕光寿元年（357年）十一月，儁自蓟城迁都于邺。

幽州　《十六国疆域志》：前燕幽州治蓟，统郡国六，燕国、渔阳郡、范阳国与今北京市境相涉。清徐文范《东晋南北朝舆地表》：慕容儁时，幽州统十郡，上谷为其一。

燕国　《十六国疆域志》：前燕燕国治蓟，领县十五，蓟、昌平、军都、广阳、潞、安乐六县在今北京市境。

蓟　昌平　军都　广阳　潞　安乐　六县治所同后赵。

附记：慕容儁迁都邺后，燕国改称燕郡，《晋书·载记》：慕容儁使"范阳、燕郡构（慕容）虺庙"。又《晋书·载记》：慕容虺"以渤海人为兴集县，河间人为宁集县，广平、魏郡人为兴平县，东莱、北海人为育黎县，吴人为吴县，悉隶燕国"。兴集、宁集、兴平、育黎、吴县所治，均不得其详。

渔阳郡　《北史·窦瑗传》：曾祖窦堪为"慕容氏渔阳太守"。《十六国疆域志》：谓"属县无可考"。按当同后赵。

上谷郡　《晋书》载记：慕容儁二年（350年），"徙广宁、上谷人于徐无，代郡人于凡城而还"。可证前燕有上谷郡。《十六国疆域志》于前燕幽州所统郡国中不列上谷。而《东晋南北朝舆地表》所列慕容儁光寿间和慕容㬊建熙间皆有上谷郡。前燕上谷郡当同后赵，居庸县在今北京市境。

范阳郡　《十六国疆域志》：范阳郡治涿，领八县，良乡县在今北京市境。

良乡　治所同晋。

前秦为氐人苻坚建，历四十三年，都长安。《晋书》载记：

苻坚建元六年（370年）灭前燕，"以郭庆为持节都督幽州诸军事、扬武将军、幽州刺史，镇蓟"。

幽州　《十六国疆域志》：前秦幽州治蓟，统郡国五，燕国、范阳郡与今北京市境相涉。

燕国　《十六国疆域志》：前秦燕国治蓟，领十县，蓟、昌平、军都、广阳、潞、安乐、狐奴七县在今北京市境。

蓟　昌平　军都　广阳　潞　安乐　狐奴　各县治所当均同前燕。

范阳郡　《十六国疆域志》：范阳郡治涿，领县八，良乡一县在今北京市境。

良乡　县治同前燕。

附记：《十六国疆域志》于幽州所统郡国中，不列渔阳、上谷之名。谭其骧主编《中国历史地图集》第四册"前秦"图中有渔阳、上谷二郡。侯仁之主编《北京历史地图集》"前秦"图中，亦有渔阳、上谷郡。前燕有渔阳、上谷郡，后燕仍有此二郡（见下），不当前秦独无。前秦之渔阳郡当治渔阳，《十六国疆域志》所列燕国属县中，潞、安乐、狐奴当属渔阳郡。此外，还有平谷县，《十六国疆域志》阙载，当补。上谷郡当治沮阳，属县居庸在今北京市境。

后燕为鲜卑慕容垂建，历二十四年，都中山。《晋书》载记：慕容垂"以（慕容）宝领侍中、大单于、骠骑大将军、幽州牧"。

幽州 《十六国疆域志》：后燕幽州治蓟，统郡六，燕郡、渔阳郡、上谷郡、范阳郡与今北京市境相涉。

燕郡 《晋书》载记："高句丽寇燕郡"，又"（慕容）盛燕郡太守高湖降魏"。《十六国疆域志》：后燕燕郡治蓟，领十县，蓟、昌平、军都、广阳、潞、安乐、狐奴七县在今北京市境（按潞、安乐、狐奴当属渔阳郡）。

蓟　昌平　军都　广阳　县治同前。

渔阳郡 《魏书·太祖纪》：天兴元年（即后燕慕容盛建平元年，398年），"渔阳群盗库傉官韬聚众反"。《十六国疆域志》谓"属县无考"。按当领七县，渔阳、潞、安乐、狐奴、平谷五县在今北京市境。县治同前。

上谷郡 《晋书》载记：太元十二年（即后燕慕容垂燕元四年，387年），"上谷人王敏杀太守封戢，以郡附刘显"。又慕容宝上谷太守慕容详。《十六国疆域志》：后燕上谷郡治沮阳，领二县，居庸县在今北京市境，县治同前。

范阳郡 《十六国疆域志》：后燕范阳郡治涿，领八县，良乡一县在今北京市境，县治同前。

北 魏

北魏拓跋珪天兴三年（400年），后燕燕郡太守高湖降魏，燕郡始入北魏版图。后复有战乱，至拓跋嗣泰常元年（416年）平定幽州后，尽有其地。北魏之世，分属幽州之燕郡、渔阳郡、上谷郡等，县有蓟、军都、广阳、良乡、渔阳、潞、居庸等。

幽州 《魏书·太祖纪》：皇始元年（396年）八月，拓跋珪遣封真等三军"从东道出，袭幽州，围蓟"。同书《孝庄帝纪》：武泰元年（528年）葛荣旧部韩楼复据幽州反。次年，"大都督侯渊讨韩楼于蓟，破之，幽州平"。《东晋南北朝舆地表》：永兴三年（411年），幽州统辖燕、范阳、渤海、河间、高阳、广川、上谷、广宁八郡。太平真君元年（440年），改统燕、上谷、范阳、渔阳、石城、建德、辽西、北平八郡及抚冥、柔玄二镇。太和三年（479年），只辖燕、渔阳、上谷、石城四郡。《魏书·地形志》：幽州辖燕郡、渔阳郡、范阳郡。三郡皆与今北京市境相涉。

燕郡 《魏书·地形志》：治蓟，领五县，蓟、广阳、良乡、军都四县在今北京市境。

蓟县 治所同前代。

北魏　孝昌元年（525年）

广阳 《魏书·地形志》：广阳县"有广阳城"。所谓"广阳城"当指汉广阳县故城，在今房山区东北隅南、北广阳城村，据以断定北魏广阳县治非汉之广阳城。今大兴区庞各庄北流传有广阳城之说，疑即北魏之广阳县治所在。

良乡 北魏良乡县治亦非汉之良乡故城。《水经注》："圣水（今大石河）又南，经良乡县故城西，王莽之广阳也。有防水（今房山区丁家洼河）注之。水出（良乡）县西北大防山南，西东南流迳羊头阜（今名羊头岗）下，俗谓之羊头溪，其水又东南流至县东入圣水。圣水又南与乐水（今房山区马刨泉河）合，水出县西北大防山南，东南流历县西，而东南流注圣水。"可见北魏良乡县在圣水西岸、防水与乐水间，即今房山城东南。《大清一统志》："良乡故城在房山县东。"

军都 北魏军都县治亦非汉之军都故城，而迁治于今昌平东南。《大明一统志》："军都城在昌平县东南。"《永乐大典》辑本《顺天府志》："军都故城在（昌平）县东南四十里蔺沟社。"隆庆《昌平州志》："军都故城在州东南四十五里。"《读史方舆纪要》："军都故城在（昌平）州东，汉立县于军都山南（即昌平州西十七里之军都故城），或以为秦县也……后移治于昌平县东南，属上谷郡，后汉属广阳郡，晋属燕国。后魏复移治于（军都）县东北二十里，仍属燕郡……今（昌平）州东四十里有军都村，亦曰故县址。"按《读史方舆纪要》所谓昌平州东四十里之军都故城，系东魏之军都县治，即今昌平东境东、西新城处，遗址尚存。北魏末年，杜洛周等率众反于上谷，居庸关外郡县陷落，东魏天平中置东燕州及平昌、上谷、徧城三郡及昌平、万年、居庸、平舒、广武、沃野等县，以统流民，并将新置之东燕州及平昌郡、昌平县寄治幽州军都县城，遂将军都县治向东北迁移二十里，昌平州东四十里军都村亦曰故县址，盖缘于此。因此北魏之军都县城应在东魏军都县治西南二十里，即明代诸文献所谓在昌平东南之军都故城者。

附记：北魏废居庸关内旧属燕郡之昌平县，于关外西汉昌平县地（今河北阳原县境）别置昌平县，属燕州昌平郡。关内昌平县废除后，可能将军都县治自南口附近迁往昌平县故城。此乃北魏燕郡不领昌平县，而今昌平东南又有军都县故城的缘故。

渔阳郡 《魏书·地形志》：渔阳郡治雍奴，今天津市武清县城西北，领六县，潞、渔阳二县在今北京市境。另有土垠县亦与今北京市境相涉。

潞县 治同西汉，在今通州东八里古城处。《魏书·地形志》：太平真君七年（446年），"并安乐、平谷属（潞县）焉"。按此前，安乐、平谷二县俱属渔阳郡，安乐县治同西晋，在今顺义西北衙门村（安乐庄）；平谷县即后赵复置者，在通州北，非汉之平谷城。

渔阳县 《魏书·地形志》：渔阳县有渔阳城。所谓"渔阳城"应是前代之渔阳郡县城，故址在今密云县统军庄南。北魏渔阳县治已有迁徙。《大清一统志》："渔阳故城在密云县西南三十里"，乃指秦汉渔阳郡县城。《括地志》："渔阳故城在密云县南十八里"，疑为北魏之渔阳县治所在。

土垠县 《日下旧闻考》引《顺义县志》谓顺义"汉为土垠县"。按汉土垠县为右北平郡属县，故城在今丰润县境。若顺义确曾为土垠县治，疑为东魏之土垠。又《日下旧闻考》："土垠故城在（密云）县东北一百八十里陈宫山下。"按此土垠当是北魏之土垠。

上谷郡 《魏书·太宗纪》：神瑞二年（415年）六月，"幸上谷，问百年，访贤俊"。同书《世祖纪》：太延三年（437年）二月，"行幸幽州，存恤孤老，问民疾苦，还幸上谷，遂至代"。同书《孝庄纪》：武泰元年（528年）十月，以燕州之上谷郡等七郡各万户增封太原王尒朱荣为太原国。可证北魏之上谷郡属燕州。《魏书·地形志》：上谷郡领平舒、居庸二县。此乃东魏天平年间新置之上谷郡，属东燕州。但北魏上谷郡领居庸县无疑。

东 魏

东魏十六年间，今北京地区建置最为复杂。分属幽州之燕郡、渔阳郡，东燕州之平昌郡、上谷郡、偏城郡，安州之密云郡、广阳郡、安乐郡，县有蓟、良乡、军都、广阳、潞、渔阳、昌平、万年、平舒、居庸、广武、沃野、密云、白檀、要阳、燕乐、广兴、方城、土垠、安市等。

幽州　《魏书·地形志》：幽州治蓟城，领三郡，燕郡、渔阳郡与今北京市境相关。

燕郡　《魏书·地形志》：治蓟，领五县，蓟、广阳、良乡、军都四县在今北京市境。

蓟　广阳　良乡　三县治所同北魏。

军都县　治所在北魏军都县治东北二十里，即今昌平东四十里东、西新城处，参见北魏军都县条。

渔阳郡　《魏书·地形志》：治雍奴，领六县，潞、渔阳二县在今北京市境。

潞　渔阳　二县治所同北魏。

东燕州　《魏书·地形志》："太和中分恒州东部置燕州，孝昌中陷，天平中领流民置，寄治幽州宣（军）都城。"领平昌、上谷、徧城三郡，俱在今北京昌平县境。《太平寰宇记》于昌平县下云："本汉军都县，属上谷郡，后汉改属广阳郡……后魏移军都县于今县东北二十里，即故城在其南也，更于今县郭城置东燕州及平昌郡、昌平县。后郡废而县隶幽州。"《读史方舆纪要》：昌平州"东魏为东燕州及平昌郡"。

平昌郡　《魏书·地形志》："孝昌中陷，天平中置。"《隋书·地理志》于昌平县下云："旧置东燕州及平昌郡。"郡治北魏之军都城。领万言、昌平二县。

万言县 《魏书·地形志》："天平中置。"《读史方舆纪要》："万年城在（昌平）州西南，东魏天平中置万年县，属平昌郡。"《大清一统志》："万年故城在昌平州西南，后魏置万年县，属平昌郡。"按万年即万言县。

昌平县 《魏书·地形志》："天平中置。"与东燕州、平昌郡共治北魏军都县城，在今昌平东南四十五里。

上谷郡 《魏书·地形志》："平天中置。"领平舒、居庸二县。

平舒县 《魏书·地形志》："孝昌中陷，天平中置。"

居庸县 《魏书·地形志》："孝昌中陷，天平中置。"

附记：东魏平舒、居庸二县当寄治今昌平境，确址不详。《读史方舆纪要》："居庸城在（昌平）州西北，汉县，属上谷郡，关因以名。东汉至晋皆为上谷郡属县，后魏、高齐因之。后废。"按此说似乎指汉居庸县。《历代地理志韵编今释》：平舒"北魏县，东燕州，上谷郡，今山西大同府广灵县西"，所指亦非东魏平舒。

徧城郡 《魏书·地形志》："武定元年（543年）置。"属东燕州，领广武、沃野二县。

广武 《魏书·地形志》："武定元年置。"《读史方舆纪要》："广武废县在（昌平）州西境。后魏武定初，置徧城郡，领沃野、广

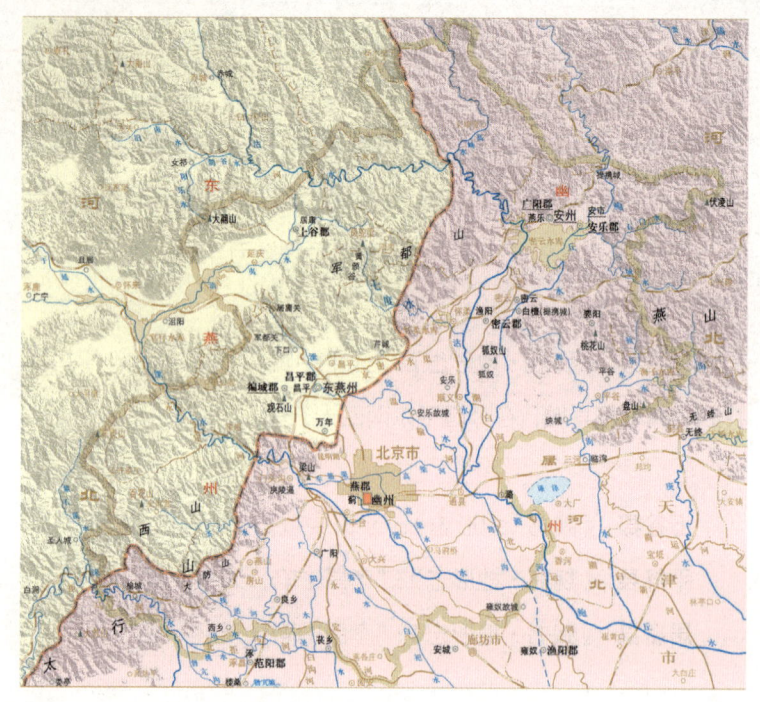

东魏 武定元年（543年）

武二县，属东燕州。盖郡县皆侨置。"

沃野县 《魏书·地形志》："武定元年置。"亦侨治于昌平西境，确址未详。

安州 《魏书·地形志》："皇兴二年（468年）置，治方城。天平中（534—537年）陷，元象中（538—542年）寄治幽州北界。"按安州原在古北口外，东魏元象中为避战乱而内徙，寄治幽州北界，即今密云县境。治燕乐，领密云、广阳、安乐三郡。

密云郡 《魏书·地形志》:"密云郡,皇始二年(397年)置,治提携城。"同书密云郡白檀县下云"郡治",即密云郡曾治白檀县。按治白檀县(故城在今滦平县西小城子)者,为北魏之密云郡;治提携城(在密云东南)者,为东魏之密云郡。领密云、要阳、白檀三县。

密云县 《魏书·地形志》:"太平真君九年(448年)并方城属焉。"按北魏密云县在今河北丰宁县境,详见《水经注·濡水》。东魏之密云县治即今密云城处。

要阳县 《魏书·地形志》:"前汉属渔阳,后汉、晋罢。后复属。"按北魏要阳县当沿汉旧,在今丰宁县东境要水(今兴洲河)畔,详见《水经注·濡水》。东魏要阳县内徙,寄治密云东南。《读史方舆纪要》:"要阳废县,(密云)县东南六十里。"《光绪顺天府志》:密云县东南"六十里上镇庄(今属平谷),后魏侨置之要阳县近此"。

白檀县 《魏书·地形志》:"白檀,(密云)郡治。"按此指北魏建置。东魏密云郡治提携城。《读史方舆纪要》:"白檀废县在(密云)县南。"《光绪顺天府志》:"密云县南二十里南台上、南台下,或曰白檀故城近此。"按该白檀县故城即东魏寄治幽州北界者。

广阳郡 《魏书·地形志》:"广阳郡,延和二年(433年)置益州,太平真君二年(441年)改为郡。"《历代地理志韵编今释》:"广阳,北魏郡,安州,今直隶顺天府密云县东北七十(里)。"

按此乃东魏郡，北魏广阳郡在古北口外，详见《水经注·濡水》。郡领广兴、燕乐、方城三县。

广兴县 《魏书·地形志》："延和二年（433年）置，太平真君九年（448年）并恒山属。"《历代地理志韵编今释》：广兴，"北魏县，安州广阳郡，今阙，按当在直隶顺天府密云县地"。

燕乐县 《魏书·地形志》："州郡治。延和元年（432年）置，真君九年并永乐。"按东魏燕乐县为安州与广阳郡治所。《太平寰宇记》：燕乐县在檀州（密云）"东北七十五里"。《读史方舆纪要》："燕乐废县在（密云）县东北八十里。"即今密云县东北燕落村处。

方城县 《魏书·地形志》："普泰元年（531年）置。"《读史方舆纪要》："方城废县在（密云）县东北。魏主（拓跋）焘以方城并入密云。方城盖慕容燕所置县。魏主（元）宏于皇始二年置安州，治故方城。其后，魏主（元）恭普泰初复置方城县，属广阳郡，盖即旧城置。"按北魏方城县在古北口外，东魏方城县在密云东北。《历代地理志韵编今释》："方城，北魏县，安州广阳郡，今阙，当在直隶顺天府密云县地。"

安乐郡 《魏书·地形志》："延和元年（432年）置交州，真君二年（441年）罢州置。"《大明一统志》："安乐城在密云东北五十里，后魏置安乐郡及县。"又《昌平山水记》："后魏安乐郡故城在（顺义）县西北六里……今为安乐庄。"按《昌平山水记》误将魏晋安乐县治作后魏安乐郡治。郡领土垠、安市二县。

土垠县 《魏书·地形志》："真君九年（448年）置。"《昌平山水记》:"土垠县有二,一在(顺义)县北门外里许。一在密云县东一百里陈宫山下。"《历代地理志韵编今释》:土垠"北魏县,安州安乐郡,今直隶顺天府密云县东北一百八十(里)"。疑顺义北门外里许之土垠为东魏内徙者。又《魏书·地形志》:幽州渔阳郡亦有土垠县,与该土垠不能相混。

安市县 《魏书·地形志》:"安市,二汉、晋属辽东,真君九年(448年)并当平属焉。"《读史方舆纪要》:"安市废县,(密云)县东北五十里,汉辽东(郡)属县,后魏侨置于此。太武(拓跋)焘延和初置交州治焉。太平真君二年(441年)改置安乐郡,兼领土垠县。"《历代地理志韵编今释》:"安市,北魏县,安州安乐郡,今直隶顺天府密云县东北五十(里)。"《光绪顺天府志》:"密云东北五十里黄土坎,或曰安市废县近此。"

北　齐

北齐天保七年(556年)十一月,并省三州、一百五十三郡、五百八十九县、二镇、二十六戍。时今北京地区分属东北道行台所统幽州之燕郡、渔阳郡,安州之安乐郡,东燕州之平昌郡及北燕州之一部。县有蓟、良乡、归德、潞、渔阳、燕乐、密云、安市、昌平等。

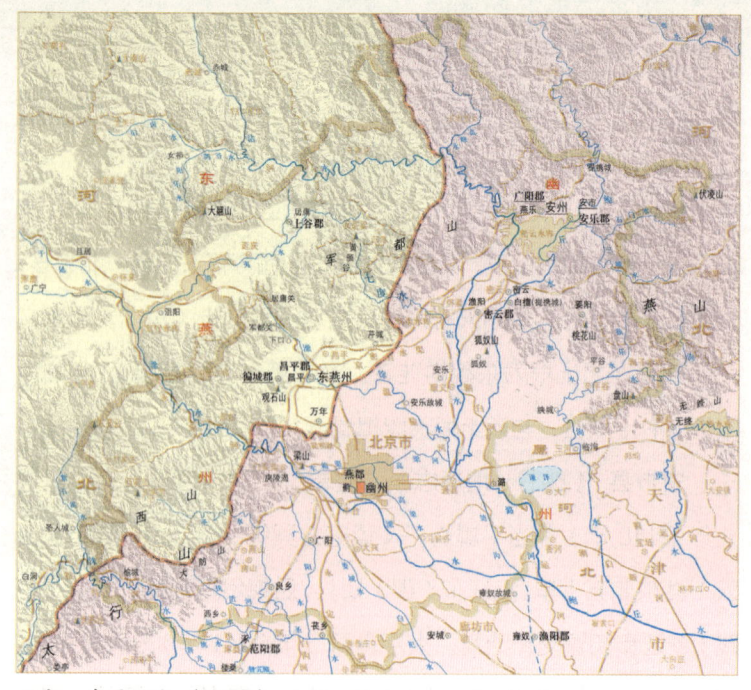

北齐　武平三年（572年）

东北道行台　《隋书·地理志》涿郡下："旧置幽州，后齐置东北道行台。"东北道行台又称幽州道行台，《北齐书·潘乐传》：潘乐之子潘子晃"武平末为幽州道行台仆射、幽州刺史"。清纪昀《历代职官表》：行台"肇端于魏晋，为专征讨而设，不为常制。至后魏始开府置属，号为尚书大行台，于一路府州无所不统，亦以专主军事也。至后齐始理民事"。东北道行台治蓟城，下统州郡。

幽州　治蓟，领三郡，燕郡、渔阳郡在今北京市境。

燕郡　《隋书·地理志》于涿郡蓟县下："旧置燕郡，开皇初废。"《北齐书·平鉴传》谓平鉴系"燕郡蓟人"。治蓟，原领五县，后领四县，蓟、良乡、归德三县在今北京市境。

蓟县　东北道行台、幽州、燕郡皆治此。天保七年（556年）

省广阳、良乡二县入蓟。武平六年（575年）复置良乡县。蓟城址同前。

良乡县　《读史方舆纪要》良乡县下："北齐省入蓟县，寻复置。"县治同北魏。

归德县　《读史方舆纪要》顺义县下："北齐始置归德县，属燕郡。"治所当在顺义。

渔阳郡　《隋书·地理志》涿郡潞县下："旧置渔阳郡，开皇初废。"《北齐书·薛修义传》：修义从子无颖"举清平勤干，除渔阳太守"。郡治潞县，所领潞、渔阳县在今北京市境。

潞县　渔阳郡治，治所同西汉。

渔阳县　治所当同后魏。

安州　《北齐书·赵郡王（高）琛传》：天保七年，"诏以本官都督沧、瀛、幽、安、平、东燕六州诸军事、沧州刺史"。《隋书·地理志》安乐郡下："旧置安州，后周改为玄州。"治燕乐，领安乐一郡。

安乐郡　据《隋书·地理志》，北齐废东魏之广阳郡，又废密云郡，故安州独存安乐郡。《北齐书·武成十二王传》：武成子高仁雅封安乐王。郡治安市，领燕乐、密云、安市三县，俱在今北京市境。

燕乐县　据《隋书·地理志》，北齐省广阳郡，又以郡领大（广）

兴、方城二县省入燕乐县。治所在今密云东北之燕乐村。

密云县 据《隋书·地理志》，北齐废密云郡，又以郡领要阳、白檀二县省入密云县。治所在今密云。

安市县 据《隋书·地理志》，北齐将东魏安乐郡所领之土垠县废入安市县，为北齐安乐郡治。治所在今密云东北五十里。

东燕州 《隋书·地理志》涿郡昌平县下："旧置东燕州及平昌郡，后周州郡并废。"《北齐书·斛律金传》:河清三年（564年），斛律金次子斛律羡"转使持节都督幽、安、平、南北营、东燕六州诸军事，幽州刺史"。据《隋书·地理志》，北齐东燕州领平昌郡，郡领昌平、万年二县。州郡均治昌平。

平昌郡 据《隋书·地理志》，后周废东燕州及平昌郡，是知北齐仍有平昌郡。但《北齐书·李元忠传》载，元忠族叔李景遗"太昌初进爵昌平郡公"，故疑平昌郡当为昌平郡之讹。郡治昌平，领昌平、万年二县。

昌平县 沿袭旧置，治所在今昌平东南即北魏军都县城。

万年县 沿袭旧置，治所在今昌平西南。

附记：东魏东燕州所领上谷郡及平舒、居庸二县，偏城郡及广武、沃野二县，北齐俱废。东魏幽州燕郡之军都县亦废。

北燕州 《隋书·地理志》涿郡怀戎县下："后齐置北燕州，

领长宁、永丰二郡。"按今延庆县地当在北燕州地界。

北　周

北周武帝建德六年（577年）二月灭北齐，始拥有幽州等地，故今北京地区入北周版图不足四年，分属幽州总管府统辖之燕郡、渔阳郡及玄州之安乐郡、燕州之一部。

幽州总管府　《周书·武帝纪》：建德六年（577年）二月，"乃于河阳、幽、青、南兖、豫、徐、北朔、定（州）并置总管府"。《隋书·地理志》涿郡下："旧置幽州，后齐置东北道行台。后周平齐，改置总管府。"幽州总管府治蓟城，领四郡，燕郡、渔阳郡、昌平郡与今北京市境相关。

燕郡　《北史·薛辨传》："周平齐，徙燕郡太守。"郡治蓟，领三县，蓟、良乡二县在今北京市境。

蓟县　幽州总管府及燕郡治所。城址同前。原归德县省入蓟县，见《光绪顺天府志·沿革表》。

良乡县　治所同北魏。

渔阳郡　《隋书·元弘嗣传》："父经，周渔阳郡公。"《隋书·地理志》涿郡潞县下："旧置渔阳郡，开皇初废。"是知北周渔阳郡治潞县。清刘锡信《渔阳郡三治潞县考》亦主北周渔阳郡治潞。郡领三县，唯潞县在今北京市境。

潞县　治所同前。

昌平郡　《隋书·地理志》涿郡昌平县下："旧置东燕州及平昌郡（当为昌平郡），后周州郡并废，后又置平昌郡（昌平郡）。郡治昌平，领昌平、万年二县。"

昌平县　治所同东魏。
万年县　治所同东魏。

玄州　《隋书·地理志》安乐郡下："旧置安州，后周改为玄州。"州治燕乐，领安乐郡。

安乐郡　王仲荦《北周地理志》：安乐郡治在今密云东北五十里。郡领燕乐、密云二县。《隋书·地理志》："后周废安市入密云县。"

燕乐县　玄州安乐郡治，在今密云东北五十里。
密云县　后周省安市县入，治所即今密云。

燕州　本北齐北燕州，后周去"北"字。领长宁、永丰二郡。今延庆县当在燕州地界。

隋、唐、五代时期

　　隋唐五代之际,行政建置改为州(郡)县两级,同时出现府级建置,与州同级,但地位较高。后又改为道、州(郡)、县三级制。北京地区涉及的行政建置主要是郡、县两级。

隋

　　隋朝统一，有国三十七年。开皇三年（583年）"罢天下诸郡"，大业三年（607年）"改州为郡"。今北京地区分属涿郡、安乐郡及渔阳郡之一部，县有蓟、良乡、昌平、潞、密云、燕乐及怀戎、渔阳各一部。

　　涿郡　本北周幽州总管府，开皇初相沿。《隋书·高祖纪》：开皇元年（581年），以"上柱国、幽州总管、任国公于翼为太尉"。三年（583年）七月，"以豫州刺史周摇为幽州总管"。时幽州总管府统辖燕、范阳、渔阳、昌平四郡。同年十一月罢郡。大业元年（605年）罢总管府，称幽州。三年（607年）改为涿郡。《隋书·炀帝纪》：大业四年（608年），"诏发河北诸郡男女百余万开永济渠，引沁水南达于河，北通涿郡"。七年（611年）四月，炀帝"至涿郡临朔宫"。郡治蓟，领九县，蓟、良乡、昌平、潞及怀戎县之一部在今北京市境。

　　蓟县　《隋书·地理志》于涿郡蓟县下："旧置燕郡，开皇初废，大业初置涿郡。"城址同前代。有临朔宫。

　　良乡县　杨守敬《隋书地理志考证附补遗》："良乡，今房山县东。"

昌平县 《隋书·地理志》涿郡昌平县下："旧置东燕州及平昌郡，后周州郡并废，后又置平昌郡。开皇初郡废，又省万年县入焉。"《隋书地理志考证附补遗》："昌平，今州西十七里，本汉军都县。"

潞县 《隋书地理志考证附补遗》："潞，今通州东八里。"

怀戎 《隋书地理志考证附补遗》：治所在"今保安州（新保安）西南七十里"。今延庆县地为其东部一隅。

安乐郡 《隋书·地理志》："旧置安州，后周改为玄州。开皇十六年（569年）州徙，寻置檀州。"大业三年（607年）改檀州为安乐郡。郡治燕乐，领燕乐、密云二县，在今北京市境。

燕乐县 《隋书·地理志》："后魏置广阳郡，领大（广）兴、方城、燕乐三县。后齐废郡，以大兴、方城入焉。大业初置安乐郡。"《隋书地理志考证附补遗》："燕乐，今密云县东北七十里。"

密云县 《隋书·地理志》："后魏置密云郡，领白檀、要阳、密云三县。后齐废郡及二县入密云……后周废安市入密云县。"《隋书地理志考证附补遗》："密云，今县治。"

附记：《隋书·地理志》于安乐郡下云："旧置安州，后周改为玄州。开皇十六年（596年）州徙，寻置檀州。"同书"渔阳郡"下云："开皇六年徙玄州于此。"同书同页记同一州迁徙事，相差十年。孰是孰非？《太平寰宇记》："《隋图经》云，开皇初徙玄州于渔阳。"据此而断，开皇六年徙玄州为是。

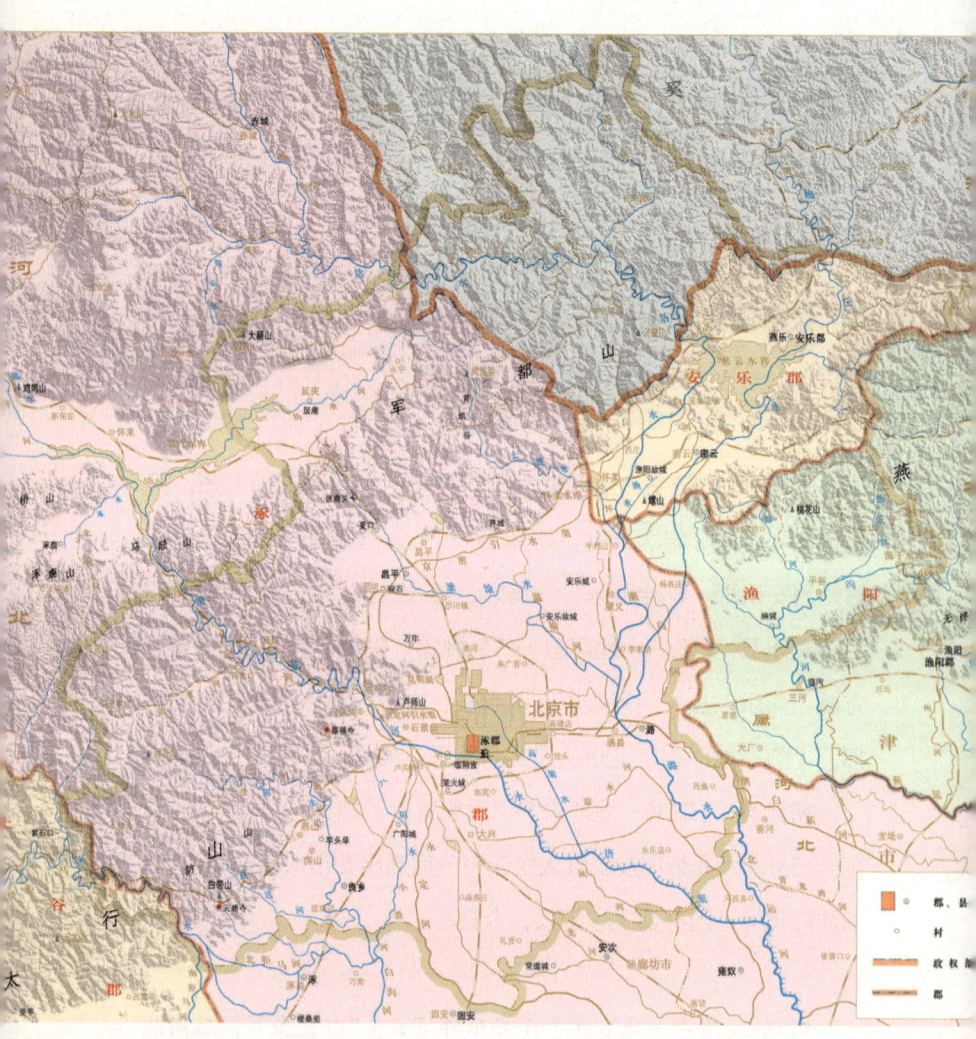

隋 大业十三年（617年）

渔阳郡　无终县　据《隋书·地理志》：渔阳郡系大业初废玄州而改置，领无终一县。县有洵河、泇河，是知今北京市平谷县地于隋属渔阳郡及无终县辖境。郡、县治所皆在今天津市蓟县。

唐

唐朝年久国盛，建置屡变。高祖武德元年（618年）"罢郡为州，改太守为刺史"。玄宗天宝元年（742年）"天下诸州改为郡，刺史改为太守"。肃宗至德二载（757年）议定"近日所改百司额及郡名官名，一依故事"。乾元元年（758年），复废郡称州。又贞观初，始以山河形便分全国为十道，开元二十一年（733年）增为十五道。道初为监察区，"安史之乱"后兼理民事。此外，唐初及武后时期，许多羁縻州县内迁，寄治幽州地区。唐代，今北京地区分属河北道之幽州范阳郡、檀州密云郡、妫州妫川郡及唐末儒州；又一度有燕州归德郡、归顺州归化郡、顺州顺义郡、威州、慎州、瑞州、归义州、沃州、带州、鲜州、崇州、夷宾州、师州、黎州等羁縻州。县有蓟、幽都、良乡、昌平、潞、广平、密云、燕乐、妫川、缙山，又一度有辽西、怀柔、宾义、威化、逢龙、来远、归义、滨海、孤竹、宾从、昌黎、来苏、阳师、新黎等羁縻县。

唐　开元二十九年（741年）

幽州范阳郡 唐代幽州多有变化。《新唐书·地理志》：武德元年（618年），幽州领九县，蓟、良乡、潞、昌平及渔阳县之一部在今北京市境。二年（619年），潞、渔阳二县划属玄州（治潞）。贞观元年（627年）废玄州，潞、渔阳还隶幽州。圣历元年（698年），良乡县改名固节，神龙元年（705年）复称良乡，渔阳改隶营州。景龙三年（709年），分潞县置三河县，隶幽州。开元四年（716年），渔阳还属幽州。十八年（730年），析渔阳、三河、玉田三县别置蓟州，治渔阳。天宝元年（742年），幽州改为范阳郡。同年，析蓟县置广平、广宁二县，三载省，至德后复置广平县。乾元元年（758年）废范阳郡，复称幽州。建中二年（781年），废燕州及所领辽西县，改置幽都县，县治由幽州北桃谷山徙还幽州城旧燕州廨署。时幽州领九县，蓟、幽都、广平、良乡、潞、昌平六县在今北京市境。

蓟县 治幽州城（蓟城）。《新唐书·地理志》：蓟，天宝元年析置广宁县，三载省。有故隋临朔宫。《太平寰宇记》："蓟城南北九里，东西七里。""高梁河在县东四里，南流合桑乾水。"

幽都县 《新唐书·地理志》："本蓟县地。隋于营州之境汝罗城置辽西郡，以处粟末靺鞨降人。武德元年（618年）曰燕州，领县三：辽西、泸河、怀远……是年省泸河。六年（623年）自营州迁入幽州城中，以首领世袭刺史。贞观元年（627年）省怀远。开元二十五年（737年）徙治幽州北桃谷山。天宝元年（742年）曰归德郡……建中二年（781年）为朱滔所灭，因废为县。"《读史方舆纪要》：于蓟城下："幽都县管郭下西界。建中二年取罗城内废燕州廨署置,在(幽州)府北一里,即今宛平县治。"《大清一统志》:"幽都废县在今宛平县(清宛平县治在皇城西北角外)西南。"

广平县 《新唐书·地理志》:"天宝元年(742年)析蓟置,三载省,至德后复置。"《大清一统志》:"广平废县在宛平县西。唐天宝元年析蓟县置,属幽州,寻省,至德后复置,后又省。《国门近游录》:卢沟河南,过长店冈西,有县村,疑是。"按长店冈西之县村,即今门头沟区东南隅东、西新秤(城)处。

良乡县 《新唐书·地理志》:"圣历元年(698年)曰固节,神龙元年(705年)复故名。"《日下旧闻考》引《名胜志》:"唐以不从安史之叛,改名固节。"

潞县 《新唐书·地理志》:"武德二年(619年)自无终(今蓟县)徙渔阳郡于此,置玄州,领潞、渔阳,并置临沟县。贞观元年(627年)州废,省临沟、无终,以潞、渔阳隶属(幽州)。"按唐潞县治所在今通州。

昌平县 《新唐书·地理志》:昌平"北十五里有军都陉"。按唐昌平县治所在今昌平西旧县村。

附记:玄州,本治无终,隋大业中改州为渔阳郡,改无终县曰渔阳县。入唐,渔阳郡复称玄州。武德二年(619年)州治徙潞,领潞、渔阳、临沟三县。贞观元年(627年)废州及临沟县,以潞、渔阳二县隶幽州。又固节县,本良乡县,唐圣历元年至神龙元年(698—705年)间,改名固节县。又广宁县,存于天宝元年至三年（742—744年）间，析蓟县西部置，治所当在今石景山区西部。

檀州　密云郡　《旧唐书·地理志》："檀州，后汉傂奚县，属渔阳郡。隋置安乐郡，分幽州燕乐、密云二县隶之。武德元年（618年）改为檀州。天宝元年（742年）改为密云郡。乾元元年（758年）复为檀州。"领密云、燕乐二县，俱在今北京市境。

密云县　治今密云，檀州治所。

燕乐县　《旧唐书·地理志》："隋县。后魏于县置广阳郡，后废。旧治白檀故城，长寿二年（693年）移治新城，即今治也。"《太平寰宇记》："燕乐县，（檀州）东北七十五里，本汉傂奚县地也。"《读史方舆纪要》："燕乐废县，（密云）县东北八十里，汉傂奚县地。"

附记：今密云县境出现檀州，始于隋开皇年间。本东魏侨治之安州，后周改称玄州。隋开皇初徙玄州于渔阳（治今蓟县），至十八年（598年）于旧玄州置檀州，领燕乐、密云二县。大业中改为安乐郡，入唐复置檀州，取汉白檀县为名。又檀州密云郡有大王镇，即今平谷县地。

妫州　妫川郡　《旧唐书·地理志》："妫州，隋涿郡之怀戎县。武德七年（624年）讨平高开道，置北燕州，复北齐旧名。贞观八年（634年）改为妫州，取妫水为名。长安二年（702年）移治旧清夷军城（怀来旧城）。天宝元年（742年）改名妫川郡。乾元元年（758年）复为妫州。"领二县，妫川县在今北京市境。

妫川县 《旧唐书·地理志》:"妫川,天宝后析怀戎县置。"《读史方舆纪要》:"妫川城在(延庆)州西,唐天宝中分怀戎县置妫川县,属妫川郡。"《太平寰宇记》谓"寻废"。今延庆县即唐妫川县地。

儒州 《旧唐书》与《新唐书》皆不载儒州和缙山县。然不少文献均谓唐末析置缙山县和儒州,如《读史方舆纪要》于缙山废县下云:"今(延庆)州治。汉上谷郡居庸县地。唐为妫川县地,唐末析置缙山县,为儒州治。契丹因之。"《文献通考》:"儒州,唐末置,石晋时没于契丹,领县一,缙山。"《大清一统志》:"缙山废县,今延庆州治,唐末置,为儒州治……《新旧唐志》皆无缙山,则非天宝中置可知。当从《通考》唐末所置为是。"按今延庆县地唐末则有儒州及缙山县。

燕州　归德郡 粟末靺鞨羁縻州。据《旧唐书·地理志》:燕州本隋辽西郡,寄治营州。武德元年(618年)改为燕州,领辽西、泸河、怀远三县,当年省泸河县。六年(623年),自营州南迁,寄治幽州城内。贞观元年(627年)省怀远。开元二十五年(737年),移治所于幽州北桃谷山。天宝元年(742年)改为归德郡。乾元元年(758年)复为燕州。领一县,曰辽西。

辽西县 开元二十五年(737年)治所由幽州城北迁于桃谷山(今昌平东境),建中二年(781年)为朱滔所灭,改置幽都县,还治幽州城燕州旧廨署。

归顺州　归化郡　契丹羁縻州。"两唐书"《地理志》：本契丹松漠府弹汗州，贞观二十二年（648年）置。开元四年（716年）改名归顺州。天宝元年（742年）改为归化郡，乾元元年（758年）复为归顺州。领一县，曰怀柔。

怀柔县　治所在今顺义地，归顺州治，与今怀柔区无关。

顺州　顺义郡　突厥羁縻州。"两唐书"《地理志》：顺州，贞观四年（630年）平突厥置。六年（632年）侨治营州南五柳城，后又侨治幽州城中。天宝元年（742年）改为顺义郡，乾元元年（758年）复为顺州。领一县，曰宾义。

宾义县　《读史方舆纪要》："宾义废县在（顺天）府城（即唐幽州城）内。贞观初置顺州于营州南五柳戍，后寄治于幽州城内……领宾义县一，后废。"按该顺州与今顺义区无关。

威州　契丹羁縻州。武德二年（619年）以契丹内稽部落置辽州。初治燕支城，后徙治营州城内。贞观元年（627年）改名威州。后契丹陷营州，威州内迁，寄治良乡县石窟堡。领一县，曰威化。

威化县　治所在今房山区西北部大石河上游。《大清一统志》："废威州在房山县界……石堡村在县西北六十里。"

慎州　靺鞨羁縻州。武德初以粟末靺鞨乌素固部落置，隶营州。后契丹陷营州，内徙，寄治良乡之故都乡城。领一县，曰逄龙。

逄龙县 治所在今房山区长沟东（都乡城）。

瑞州 突厥羁縻州。原名威州，贞观十年（636年）置，以处突厥乌突汗达干部落，隶营州。咸亨年间（670—671年）更名瑞州。契丹陷营州，于万岁通天二年（697年）迁于宋州境。神龙初还迁幽州，寄治良乡之故广阳城。领一县，曰来远。

来远县 治所在今房山区东北隅南、北广阳城村。

归义州 总章年间（668—670年）以新罗降户置，隶幽州都督。治所在良乡县之故广阳城。《读史方舆纪要》"广阳城"下："唐总章中以新罗降户置归义州于此，后废。开元二十年（732年）复置，以处降奚。"领一县，曰归义。

归义县 治所同瑞州来远县。

沃州 契丹羁縻州。载初元年（689年）时析昌州置，以处松漠部落，隶营州。契丹陷营州，内迁于幽州，寄治蓟县东南回城。领县一，曰滨海。

滨海县 治所在今大兴区大回城村处。《大清一统志》："回城在大兴县（治东城大兴胡同）东南五十里。"

带州 契丹羁縻州。贞观十九年（645年）为处契丹乙失革部落置，隶营州。契丹陷营州，于万岁通天元年（696年）迁于青州境。神龙初北还，隶幽州，寄治昌平县清水店。领县一，曰孤竹。

孤竹县 治所在今海淀区太舟坞（旧属昌平县）。《大清一统志》："孤竹城在昌平州界。"麻兆庆《昌平外志》："《旧志》州西南有村名太州务，疑为带州孤竹县侨治处。带、太同韵，转'带'为'太'，'孤竹'，音省为'务'。村西即黑龙潭，店名清水，其因此耶？"

附记：清河镇旧属昌平，镇西有古城，人称"朱房古城"。此城之置废沿革未明，莫非清河镇于唐称清水店，而带州孤竹县侨治于此？俟考。

鲜州 奚羁縻州。《旧唐书·地理志》："鲜州，武德五年（622年）分饶乐都督府之奚部落置，隶营州都督。万岁通天元年（696年）迁于青州安置，神龙初改隶幽州。"领一县，曰宾从。

宾从县 治所在潞县（今通州）之古潞城，即通州东八里之古城。

崇州 奚羁縻州。《旧唐书·地理志》："武德五年（622年），分饶乐都督府置崇州、鲜州，处奚可汗部落，隶营州都督。"契丹陷营州，徙治于幽州潞县之古潞城。领一县，曰昌黎。

昌黎县 《旧唐书·地理志》："昌黎，贞观二年（628年）置北黎州，寄治营州东北废阳师镇。八年（634年）改为崇州，置昌黎县。契丹陷营州，徙治于潞县之古潞城。"按崇州昌黎县与鲜州宾从县同治。

夷宾州　靺鞨羁縻州。《旧唐书·地理志》："乾封中（666—668年），于营州界内置，处靺鞨愁思岭部落，隶营州都督。万岁通天二年（697年）迁于徐州。神龙初还隶幽州都督。"领一县，曰来苏。

来苏县　自徐州北还，寄治良乡之古广阳城，与瑞州来远县，归义州归义县同治。

师州　契丹羁縻州。《旧唐书·地理志》："贞观三年（629年）置，领契丹室韦部落，隶营州都督。万岁通天元年（696年）迁于青州安置。神龙初改隶幽州都督。"领一县，曰阳师。

阳师县　初，贞观置州于营州东北阳师镇，故号师州。神龙中（705—707年）自青州还寄治于良乡县之东闾城，为州治。闾城当即今大兴区之芦城。

附记：《读史方舆纪要》："又有闾城，在（顺天）府西南三十五里，亦曰关城，故城址在焉。"按在大兴黄村西北有东西芦城村，有汉代城墙遗址，当即闾城故城。

黎州　靺鞨羁縻州。《旧唐书·地理志》："载初二年（690年）析慎州置，处浮渝靺鞨乌素固部落，隶营州都督。万岁通天元年

（696年）迁于宋州管治。神龙初北还，改隶幽州都督。"领一县，曰新黎。

新黎县 自宋州北还，寄治良乡县之都乡城，与慎州逢龙县同治。

五代（梁与唐）

五代时期，后梁、后唐先后占有幽燕地区。时有幽、檀、顺、儒四州，县有蓟、幽都、良乡、潞、昌平、燕平、玉河、密云、怀柔、缙山等。五代晋天福元年（936年），石敬瑭即帝位，割让幽、蓟等十六州予契丹。

幽州 五代梁、唐皆有幽州建置。《旧五代史·郡县志》于"河北道"下列有幽州。《资治通鉴》：开平元年（907年），"卢龙节度使刘仁恭骄奢贪暴，常虑幽州城不固，筑馆于大安山"。《旧五代史·唐书·庄宗纪》：同光三年（925年），"以沧州节度使李绍斌为幽州节度使"。幽州治蓟，领九县，蓟、幽都、良乡、潞、昌平（燕平）、玉河六县在今北京市境。

蓟县 治所如唐代，理蓟城东界。

幽都县 治所如唐代，理蓟城西界。

良乡县 迁治盐沟城。《旧五代史·赵德钧传》：赵德钧"又于盐沟筑垒，以戍兵守之，因名良乡县，以备钞寇"。《长安客话》："赵德钧为幽州节度，于幽州南六十里城阎沟而戍之。契丹无所伏兵，粮道得通。"《读史方舆纪要》于"良乡县"下："旧治在涿州北四十里，五代唐长兴三年（932年）移治于此（指今良乡镇地）。"按《太平寰宇记》谓广阳故城在良乡县东北三十七里，《读史方舆纪要》谓广阳城在良乡县东八里，是知北朝至隋唐时的良乡县治在今良乡西南二十七里。

潞县 《资治通鉴》后唐长兴三年（932年）："幽州东十里之外，人不敢樵牧，（赵）德钧于州东五十里城潞县而戍之，近州之民始得稼穑。"是知五代潞县治所即今通州城处。

昌平县 五代梁为昌平，治所在今昌平西旧县。

燕平县 本昌平县。五代唐同光二年（924年）改名燕平县，徙治曹村，又徙治于白浮图城。据《永乐大典》辑本《顺天府志》述昌平县建置沿革："后唐同光二年改曰燕平，延昌元年（按五代无延昌年号）徙曹村，二年又徙白浮图城。未几又改置今治所。石晋复名昌平。"据《昌平外志》，曹村即今朝凤庵，在昌平东北。所谓白浮图城，世多以为即今旧县村，实应为双塔土城。未几又徙还旧治，即今旧县村处。

附记：双塔土城世以为汉军都故城，误。《永乐大典》辑本《顺天府志》谓该城"旧传辽人所筑"得之。遗址尚存。

玉河县 《辽史·地理志》："刘仁恭于大安山创宫观，师炼丹羽化之术于方士王若讷,因割蓟县分置(玉河县),以供给之。在京西四十里。"《读史方舆纪要》:"玉河废县在(顺天)府西四十里,本蓟县地,五代时刘仁恭置。"《永乐大典》辑本《顺天府志》:"玉河城,城在(北京)城西南三十五里。"《日下旧闻考》引《国门近游录》:"过长冈而西有县村,疑即古玉河县故址。然唐时幽州管内尚有广平县,亦分蓟县置者。所谓县村,究未定为何县也。"按今人有指门头沟区城子村为玉河县治者,亦有指东西新秤(城)处为玉河县故址者。玉河县治究系何地尚无定说。

檀州 《旧五代史·唐书·庄宗纪》:天祐十年(913年)二月,"周德威报檀州刺史陈榷以城降"。同书《明宗纪》:天成三年(928年),"以责授檀州刺史刘训为右龙武大将军"。五代梁、唐檀州仍唐旧置,治密云,领密云、燕乐(后废)二县,均在今北京市境。

密云县 治所同唐代。

燕乐县 《旧五代史·唐书·庄宗纪》:天祐十年(后梁乾化三年,913年)十二月,"檀州燕乐县人执刘守光并妻李氏、祝氏、子继祚以献"。是知五代初尚有燕乐县。《读史方舆纪要》:"五代梁乾化三年,晋将周德威伐燕,刘守光奔燕乐,被擒,县寻废。宋白曰:燕乐、密云皆汉厗奚县地,五代时废为燕乐庄,其地平旷可屯。"

顺州 《旧五代史·唐书·庄宗纪》:天祐十年(913年)正月,"周德威攻下顺州,获刺史王在恩"。九月,"刘守光率众夜出（幽州），遂陷顺州。冬十月己巳朔，守光帅七百骑，步军五千，夜入檀州"。顺州地处幽州与檀州间，即今顺义区地，领一县，曰怀柔。

怀柔 仍唐旧置，治所在今顺义。《大清一统志》："昔之怀柔，为今顺义地，非今怀柔。"

附记：今顺义于唐为归顺州归化郡地，领怀柔县。唐顺州顺义郡治幽州城，说见前。后幽州城内顺州废，归顺州改为顺州。《读史方舆纪要》：乾元初（758年）归德郡改为顺州。

儒州 《辽史·地理志》谓"唐置"。《文献通考·舆地二》谓"唐末置"。《资治通鉴》胡三省注："盖晋王镇河东所表置。"乾隆《延庆州志·名宦》："韩梦殷者……幽州安次人也，以文学知名。乾宁元年（894年），李克用既陷武（州）、新（州），又使李嗣源、李嗣昭并出飞狐，定山后，取妫、儒州，遂以梦殷为妫、儒州刺史。"可见，唐末置儒州可信。五代因之。《旧五代史·唐书·庄宗纪》：同光二年（924年）七月，"以新州（今河北涿鹿）为威塞军节度使，以妫、儒、武等州为属郡"。州领县一，曰缙山。

缙山县 治所在今延庆东北旧县村。

附记：儒州及缙山县治所，说者多谓在今延庆。《读史方舆纪要》："缙山废县，今（延庆）州治。汉上谷郡居庸县地。唐为妫川县地，唐末析置缙山县，为儒州治。"《大清一统志》："缙山废县,今延庆州治。唐末置,为儒州治。"经到延庆东北旧县村调查,老者相告,村中旧有城墙,城门上嵌有石刻,题为"缙山县",是知儒州缙山县治在今旧县村,非今延庆城处。

辽、宋、金时期

辽代，升幽州为南京，亦称燕京，立为陪都。北京的政治地位开始抬升。辽代实行道（路）、府、州、县四级制，北京地区涉及的行政建置主要是道、府、县三级。

金代，改南京为中都，这是北京正式成为国都之始。此期间，北京地区涉及的行政建置主要有路、府、县三级。

辽

辽系契丹人建立的政权。从太祖耶律亿称帝建元神册起，至为金所灭，长达207年。初称契丹国。五代晋天福元年（936年），晋主石敬瑭为酬谢契丹援立之功，割让幽、蓟等十六州予契丹，此后契丹占有了幽燕地区。契丹会同元年（938年），升幽州为南京，作陪都，从此开始了中国封建王朝都城由中原向北方转移的历史进程。大同元年（947年），契丹改国号曰辽。辽与北宋以白沟为界，南北对峙近二百年。辽仿唐宋，实行道、府、州、县四级地方行政制度。辽代于今北京地区置南京道；府有幽都府，后改析津府；州有顺州、檀州；县有蓟北改析津、幽都改宛平、良乡、昌平、潞、玉河、漷阴、怀柔、密云等。另有西京道属儒州及缙山县。

附记：《资治通鉴·后晋纪一》：后唐末帝李从珂清泰三年（936年）十一月丁酉，"契丹主作册书，命（石）敬瑭为大晋皇帝，自解衣冠授之……是日即皇帝位，割幽、蓟、瀛、莫、涿、檀、顺、新、妫、儒、武、云、应、寰、朔、蔚十六州，以与契丹。仍许岁输帛三十万匹"。《辽史·太宗纪》：会同元年（938年）十一月，"晋复遣赵莹奉表来贺，以幽、蓟、瀛、莫、涿、檀、顺、妫、儒、新、武、云、应、朔、寰、蔚十六州并图籍来献"。按幽、檀、顺、

70 / 北京建置概说

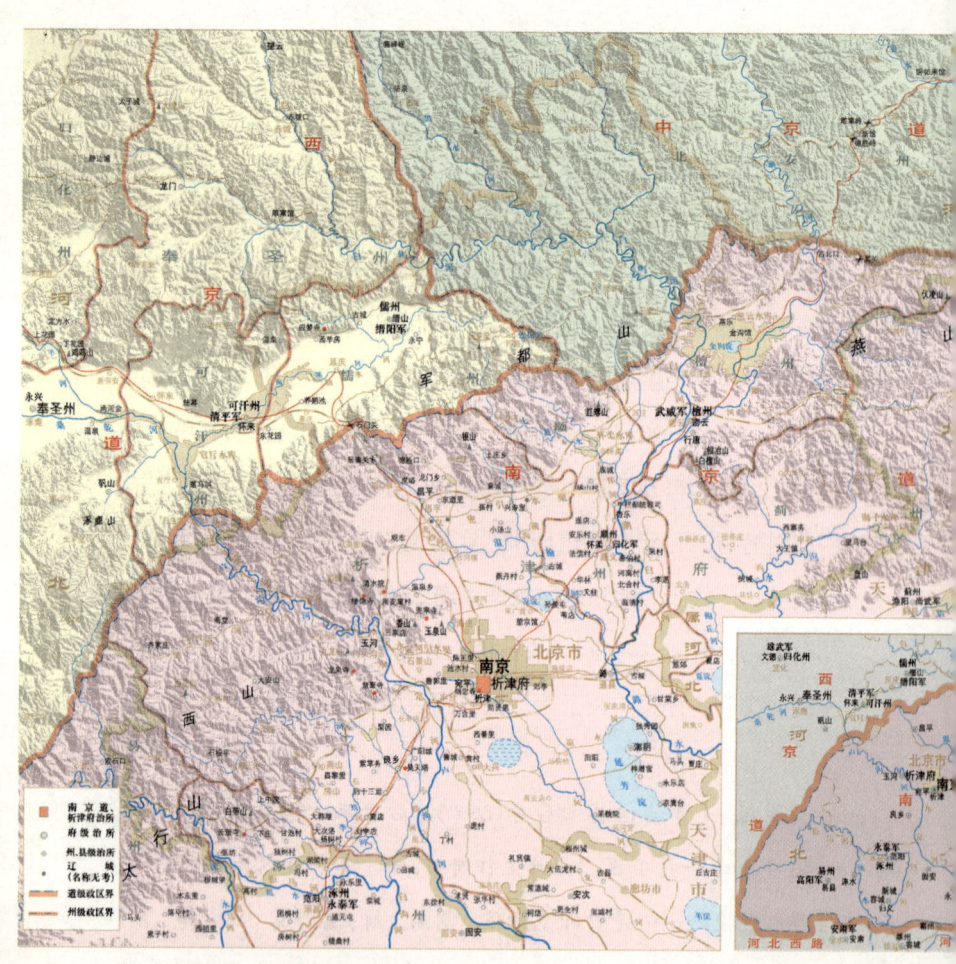

辽 太平六年（1026年）

儒四州皆在今北京市境。

南京 《辽史·太宗纪》：会同元年十一月，"升幽州为南京，南京（故平州）为东京"。《辽史·地理志》：南京"又曰燕京。城方三十六里，崇三丈，衡广一丈五尺。敌楼、战橹具。八门：东曰安东、迎春，南曰开阳、丹凤，西曰显西、清晋，北曰通天、拱辰。大内在西南隅"。《契丹国志》："南京本幽州地。……自晋割弃，建为南京，又为燕京析津府。户口三十万。大内壮丽。城北有市，陆海百货，聚于其中。僧居佛寺，冠于北方。锦绣组绮，精绝天下……石晋未割弃以前，其中番汉杂斗，胜负不相当。既筑城后，远望数十里间，宛然如带，回环缭绕，形势雄杰，真用武之国也。"辽南京置有宰相府、留守司、都总管府、都虞侯司、警巡院、处置使司、宣徽院、栗园司、南京道、析津府、侍卫亲军马步军都指挥使司等行政和军事机构。

南京道 辽置五京道，南京道为其一。治南京城，辖府一、节度州一。府曰幽都，后改析津；节度州曰平州。只幽都府（析津府）与今北京市有关。

幽都府 析津府 《辽史·地理志》：南京，"府曰幽都，军号卢龙"。《辽史·圣宗纪》：开泰元年（1012年）十一月，"改幽都府为析津府"。幽都府与析津府为一府先后二名。幽都府辖五州、十县，蓟北、幽都、良乡、玉河、昌平、潞六县及顺州怀

辽　析津府　太平六年（1026年）

柔县、檀州密云县、儒州缙山县在今北京市境。而析津府则辖六州、十一县，析津、宛平、良乡、玉河、昌平、潞、漷阴七县及顺州怀柔县、檀州密云县、儒州缙山县在今北京市境。

蓟北县　析津县　《辽史·地理志》析津县下："本晋蓟县，改蓟北县，开泰元年（1012年）更今名。"《辽史·圣宗纪》：统和九年（991年）三月，遣"蓟北县令崔简等分决诸道滞狱"。同书，开泰元年（1012年）十一月，改"蓟北县为析津县"，县治依南京城郭。

幽都县　宛平县　《辽史·地理志》宛平县下："本晋幽都县，开泰元年更今名。"《辽史·圣宗纪》:开泰元年十一（1012年）月，改"幽都县为宛平县"。县治依郭南京城。

良乡县　治所于五代初徙于盐沟城，即今良乡处。《辽史·地理志》谓"刘守光徙治此"。

玉河县 仍五代刘仁恭置,治所未确认。

昌平县 治所在今昌平西旧县,抑或双塔土城,有待研究。

附记:《全辽文》卷十所录《造明灯记》:"大辽国幽燕之北、虎县之东龙门乡兴寿里邑众杨守金等,久弘善念,特建灯幢。"按兴寿里即今兴寿村,在昌平东。据此知辽代今昌平区境曾有虎县,但置废不详。附记于此,俟考。

潞县 《辽史·地理志》谓潞县"在(南)京东六十里"。《辽史·游幸表》:统和五年(987年)二月,"幸潞县西,放鹘擒鹅";十二年(994年)十一月,"渔于潞县西淀"。县治即今通州处。辽圣宗太平年间析南境置漷阴县。

漷阴县 《辽史·地理志》:"本汉泉山(州)之霍村镇。辽每季春,弋猎延芳淀,居民成邑,就城故漷阴镇,后改为县。"《金史·地理志》:漷阴县"辽太平(1021—1031年)中以漷阴村置"。《辽史·圣宗纪》:统和十二年(994年)正月癸丑朔,"漷阴镇水,漂溺三十余村"。《全辽文》载辽《张绩墓志铭》:张绩于清宁四年(1058年)三月八日卒于任上,"乃于当年十月葬于漷阴县故□□□□□",可证《金史·地理志》说不妄。县治在今通州区牛堡屯乡大、小北关与前、后南关间。

顺州 刺史州,军号归化。《辽史·地理志》:"隋开皇中,粟末靺鞨与高丽战不胜,厥稽部长突地稽率八部胜兵数千人,自扶余城西北举落内附,置顺州以处之。唐武德初改燕州,会昌中改归顺州,唐末仍为顺州。"《辽史·圣宗纪》:太平三年(1023年)以冯延休为顺州刺史。州领县一,曰怀柔。

怀柔 唐始置。《辽史·圣宗纪》:统和十三年(995年)六月,"诏许昌平、怀柔等县诸人请业荒地"。治所在今顺义。

檀州 《辽史·地理志》:为刺史州,军号武威,仍前代旧置。领密云、行唐二县,皆在今北京市境。

密云县 仍旧置,治所即今密云,檀州治。

行唐县 《辽史·地理志》:"本定州行唐县。太祖掠定州,破行唐,尽驱其民,北至檀州,择旷土居之,凡置十寨,仍名行唐县。"《读史方舆纪要》:"行唐废县,亦在(密云)县东……金废。"其治所当在今密云县东前、后焦家坞一带,河南寨、靳各寨、燕乐寨等当是辽行唐县所辖十寨之中者。

附记:燕乐县废于五代后梁乾化三年(913年),详见《读史方舆纪要》。然《辽史·圣宗纪》:统和七年(989年)"诏燕乐、密云二县荒地许民耕种"。又《辽史·食货志》:"统和十五年(997年),募民耕滦河旷地,十年始租,此在官闲田制也。又诏山前后未纳税户,并于密云、燕乐两县占田置业纳税,此私田制也。"可见辽圣宗统和年间尚有燕乐县。中华书局标点本《校勘记》云:"辽无燕乐县,此系用旧名。"究竟如何有待考定。

儒州 《辽史·地理志》：儒州，刺史州，军号缙阳，为西京道奉圣州属领。《辽史·圣宗纪》：统和二年（984年）十一月，"以枢密直学士、给事中郑畋为儒州刺史"。七年（989年）四月，"驻跸儒州龙泉"；五月"祭风伯于儒州白马村"；十年（992年）十二月，"猎儒州东川"。可知儒州是辽帝多顾之区。州领缙山县一，在今北京市境。

缙山县 《辽史·地理志》："本汉广宁县地。唐天宝中割妫川县置。"按汉广宁县在今万全县境，又妫川县系唐末析置，故《辽志》说不足信。缙山县治在今延庆东北旧县村，非今延庆城处。

北安州 属中京道大定府。《辽史·地理志》：北安州，刺史州，军号兴化。唐为奚王府西省地。辽圣宗以汉户置北安州，领兴化县。按今北京市怀柔县北部山区和密云县西部长城以外山区，于辽当属北安州辖地。

北　宋

北宋宣和四年（1122年），宋金相约伐辽。当年底，金人攻克燕京，掳掠职官、富民、金帛、子女东去，以燕京空城予宋。至宣和七年（1125年），金复取燕京，北宋拥有幽燕地区仅三年。

其间宋置燕山府路、燕山府，州县有析津、宛平、都市、昌平、良乡、潞、玉河、漷阴、檀州及密云、行唐县，顺州及怀柔县等。云中府路云中府所领儒州及缙山县亦在今北京市境。

燕山府路 《宋史·地理志》："宣和四年（1122年），诏山前收复州县，合置监司，以燕山府路为名，山后别名云中府路。"《宋史·徽宗纪》：宣和五年（1123年）正月，"以王安中为庆远军节度使，河北、河东、燕山府路宣抚使，知燕山府"。同年七月，"起复谭稹为河北、河东、燕山府路宣抚使"。燕山府路统一府，曰燕山府；九州，其中檀、顺二州在今北京市境。

燕山府 《宋史·地理志》："燕山府，唐幽州范阳郡，卢龙军节度。石晋以赂契丹。契丹建为南京，又名燕京。金人灭契丹，以燕京及涿、易、檀、顺、景、蓟六州二十四县来归。宣和四年（1122年）改燕京为燕山府，又改郡曰广阳，节度曰永清军。"《宋史·徽宗纪》：宣和四年（1122年）十月，"改燕京为燕山府，涿、易八州并赐名"。同年同月，"以蔡攸为少傅，判燕山府"。府领十二县，析津、宛平、都市（赐名广宁）、昌平、良乡、潞、玉河、漷阴八县在今北京市境。

析津县 仍辽旧，治燕山府城，依郭县。

宛平县 仍辽旧，治燕山府城，依郭县。

都市（赐名广宁） 未详置废之由。《历代地理志韵编今释》："都市，宋县，燕山府路燕山府，今阙，当在今直隶顺天府境。"

昌平县　仍旧置，治所同辽。

良乡县　仍旧置，治所同辽。

潞县　仍旧置，治所同辽。

玉河县　仍旧置，治所同辽。

漷阴县　仍辽置，治所同辽。

檀州　《宋史·地理志》："隋置，石晋以赂契丹。宣和四年（1122年）金人以州来归，赐郡名曰横山，升镇远军节度。七年（1125年）金人复破之。"领密云、行唐二县，皆在今北京市境。

密云县　仍旧置，治所同辽。

行唐县　仍辽置，治所同辽。宋赐名威塞。

顺州　《宋史·地理志》："顺州，唐置，石晋以赂契丹。宣和四年（1122年）金人以州来归。赐郡名曰顺兴。领一县，曰怀柔。"

怀柔县　仍旧置，治所同辽。

云中府路　云中府　本辽西京。宣和五年（1123年），宋得云中府和山后九州，治云州，即大同，领州九，儒州在今北京市境。

儒州　仍旧置，治所同辽。

附记：《宋史·地理志》谓宣和三年（1121年）宋得山后九州，似误。

金

金系女真人建立的政权。从太祖完颜旻（阿骨打）于收国元年（1115年）称帝建国，至为蒙古所灭，共有国百二十年。天辅六年（1122年），宋金相约伐辽，金取燕京，辽亡，以燕云诸州县归宋。宋置燕山府路燕山府和云中府路云中府。三年后，金复取燕云之地，仍称燕京，析津府如旧。天会七年（1129年）析河北路为东、西二路，燕京析津府属河北东路。天眷元年（1138年）省燕京州县，后当改置燕京路。天德三年（1151年），海陵命增广燕京城，五年即贞元元年（1153年）迁都燕京，改名中都。改析津府为永安府，寻改大兴府。又改析津县名大兴县，改怀柔县名温阳县。升潞县置通州，并置平峪（谷）县。玉河、都市、檀州及行唐县、儒州等废。海陵迁都前，今北京地区建置有燕京路、析津府，州有顺州，县有析津、宛平、良乡、昌平、潞、漷阴、怀柔、密云、缙山等。海陵迁都后，路称中都路。府先称永安府，旋改大兴府。州有通州、顺州，后一度置镇州。县有大兴、宛平、良乡、昌平、潞、漷阴、温阳、密云、缙山、奉先、平谷等。镇有广阳镇、永安镇。此外，今怀柔区北部山区和密云区西部长城外山区当属北京路兴州所领之宜兴县地。

中都 《金史·海陵纪》：贞元元年（1153年）三月，"改燕京为中都，府曰大兴"。金初建都会宁府，称上京，故址在今黑龙江省阿城南白城。《大金国志》：海陵王天德二年（1150年）七月，"一日，宫中宴闲，（主）问汉臣曰：'朕栽莲二百本而俱死，何也？'汉臣曰：'自古江南为橘，江北为枳，非种者不能，盖地势然也。上都地寒，唯燕京地暖，可栽莲。'主曰：'依卿所请，择日而迁。'萧玉谏曰：'不可。上都之地，我国旺气，况是根本，何可弃之？'兵部侍郎何卜年亦请曰：'燕京地广土坚，人物蕃息，乃礼仪之所，郎主可迁都。北蕃上都，黄沙之地，非帝居也。'汉臣又曰：'且未可遽，待臣为郎主起诸州工役，修整内苑，然后迁都。'主从其言"。"冬，发诸路民夫筑燕京城，盖主密有迁都之意也。国主嗜习经史，一阅终身不复忘。见江南衣冠文物、朝仪著位而慕之。下诏求直言，内外臣僚上书者，多谓上京僻在一隅，转漕艰而民不便，唯燕京乃天地之中，宜徙都燕以应之。与主意合，大喜。乃遣左、右丞相张浩、张通古，左丞蔡松年，调诸路夫匠筑燕京宫室。"天德四年（1152年）冬，"燕京新宫成，主率文武百官自会宁府迁都于燕，大赦天下，改明年曰贞元"。转年三月，"以迁都诏中外"。《金史·地理志》：海陵王迁都燕京，"以燕乃列国之名，不当为京师号，遂改为中都"。金有六京，中都居首。《金史·地理志》：金中都"城门十三，东曰施仁、曰宣曜、曰阳春，南曰景风、曰丰宜、曰端礼，西曰丽泽、曰颢华、曰彰义，北曰会城、曰通玄、曰崇智、曰光泰"。《大金国志》："都城四围凡七十五里。城门十二，每一面分三门，其正门两旁又设两门。正东曰宣曜、阳

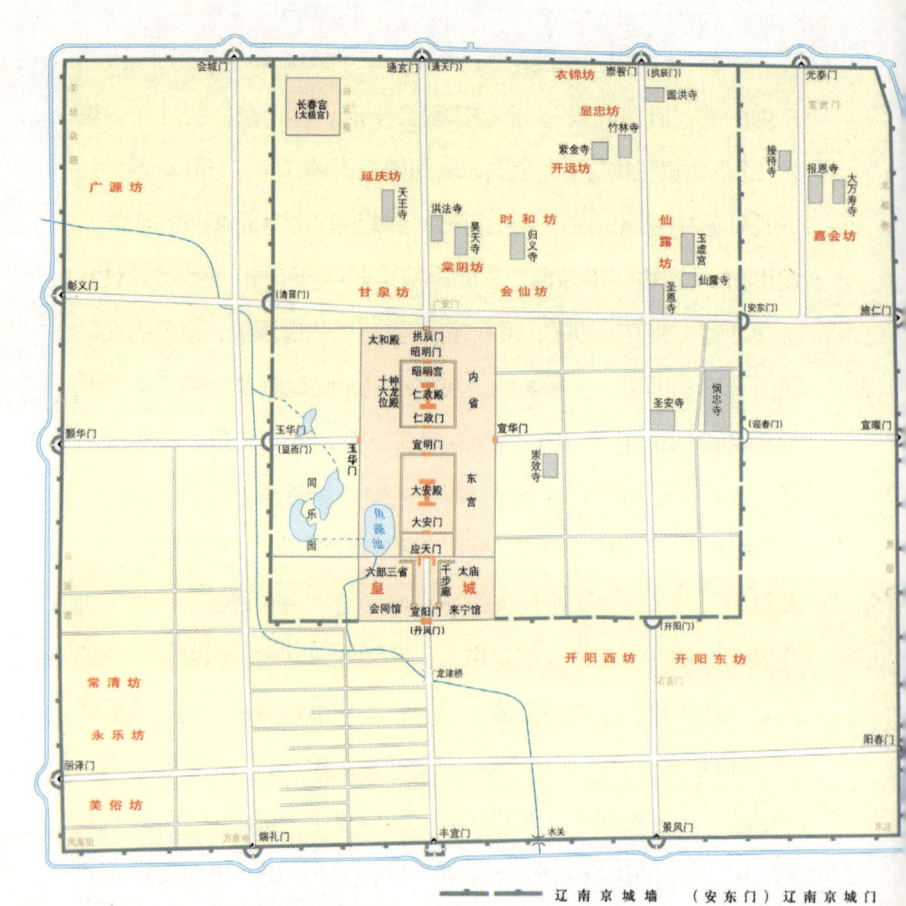

金中都　大定至贞祐年间（1161—1215年）

春、施仁，正西曰颢华、丽泽、彰义，正南曰丰宜、景风、端礼，正北曰通玄、会城、崇智，此四城十二门也。"中都皇城，"城之四围凡九里三十步。天津桥之北曰宣阳门，中门绘龙，偏门绘凤，用金钉钉之。中门唯车驾出入乃开，两偏分双单日开一门。过门有两楼，曰文曰武。文之转东曰来宁馆，武之转西曰会同馆。正北曰千步廊，东西对焉。廊之半各有偏门，向东曰太庙，向西曰中书省。至通天门，后改名应天楼，高八丈，朱门五，饰以金钉。东西相去一里余，又各设一门，左曰左掖，右曰右掖。内城之正东曰宣华（门），正西曰玉华（门），北曰拱辰（门）。（内）殿凡九重，殿凡三十有六，楼阁倍之。正中位曰'皇帝正位'，后曰'皇后正位'。位之东曰'内省'，西曰'十六位'，乃妃嫔居之。西出玉华门曰同乐园，若瑶池、蓬瀛、柳庄、杏村，尽在于是"。大定四年（1164年）十月，"命都门外夹道重行植柳各百里"。金中都是金王朝的首都，是历史上北京正式成为封建王朝国都的开始，在北京历史上占有极其重要的地位。它是在蓟城基址上发展起来的最大，也是最后的一座城市。海陵王迁都之初，即于中都城恢复辽南京创始的警巡院。金世宗大定年间（1161—1189年），中都城内已设左、右警巡院二，分管中都城内六十二坊民事。

燕京路 《金史·海陵纪》：天德元年（1149年）十二月，"燕京路都转运使刘麟为参知政事"，可见金曾有燕京路之置。《金史·地理志》：天会七年（1129年）析河北为东、西路时，燕京析津府尚属河北东路。《金史·熙宗纪》：天眷元年（1138年）九月，

"省燕、中、西三京",疑燕京路置于此时。海陵王迁都,改为中都路。

中都路 金海陵王贞元元年(1153年)改燕京路置。《金史·地理志》:中都路辖府一,曰大兴府。领节镇三,刺郡九,县四十九,镇七。在今北京市境者有刺郡通州、顺州,又有蓟州和涿州各一部。县有大兴、宛平、良乡、昌平、潞、漷阴、温阳、密云、平谷、奉先等。

大兴府 本析津府,贞元元年(1153年)改名大兴府。《金史·海陵纪》:贞元元年三月,"改燕京为中都,府曰大兴"。二

金 大兴府 大安元年(1209年)

年（1154年）四月"幸大兴府及都转运使司"。大定三年（1163年）五月，"诏参知政事完颜守道按问大兴府捕蝗官"。《金史·地理志》："大兴府，上。晋幽州，辽会同元年（938年）升为南京，府曰幽都，仍号卢龙军，开泰元年（1012年）更为永安析津府……贞元元年（1153年）更今名。"府治中都城，领十县一镇，五县一镇在今北京市境，为大兴、宛平、良乡、昌平、漷阴与广阳镇。

附记：上引《金史·地理志》谓辽开泰元年（1012年）改幽都府为"永安析津府"，贞元元年（1153年）改为大兴府，此说不确。《辽史·圣宗纪》：开泰元年（1012年）十一月甲午朔，"改幽都为析津府"，并无"永安"二字。元好问《续夷坚志》卷三"永安钱"条："海陵天德初，卜宅于燕，建号中都，易析津府为大兴。始营造时，得古钱地中，文曰'永安一千'，朝议以为瑞，乃取长安例，地名永安。改东平中都县曰汶阳，河南永安县曰芝田，中都永安坊曰长宁。"《金史·世宗纪》：大定十三年（1173年）三月乙卯，世宗谓宰臣"自海陵迁都永安"云云。考《金史·地理志》：南京路河南府"芝田，宋名永安，贞元元年更"。又山东西路东平府"汶上，本名中都，贞元元年更名汶阳"，皆与元好问说相合。据此而断，"永安"是金代地名，贞元元年（1153年）曾改析津府为永安府。贞元二年（1154年）又改永安府为大兴府，《金史·地理志》谓大兴县系贞元二年改析津县而来，是知改析津府为大兴府实应为贞元二年（1154年）。详见《金史·地理志》上《校勘记》（五一）、（五二）条。

大兴县 《金史·章宗纪》：承安四年（1199年）五月，谕宰臣曰："今唯大兴、宛平二县不雨，得非守令之过欤？"《金史·地理志》："大兴，倚。辽名析津，贞元二年（1154年）更今名，有建春宫。镇一，广阳。"县治当在中都施仁门外。

附记：金大兴县广阳镇当在今大兴区庞各庄东北，陈各庄、四各庄、郎各庄一带，当地流传"大水冲了广阳城"之说。又大兴区安定乡曾出土石刻，上有"广阳镇"字，莫非广阳镇在此？待调查考证。

宛平县 《金史·地理志》："宛平，倚。本晋幽都县，辽开泰元年（1012年）更今名。"按宛平亦为倚郭县，县治当在中都北门外。

良乡县 《金史·海陵纪》：贞元元年（1153年）十月，"猎于良乡，封料石冈神为灵应王"。《金史·地理志》："良乡，有料石冈、阎沟。"县治在今良乡。

昌平县 《金史·卫绍王纪》：大安三年（1211年）十一月，"是时……昌平、怀来、缙山、丰润、密云……皆归大元"。《金史·地理志》："昌平，有居庸关，国名查剌合攀。"县治在今昌平西旧县村。

潞阴县 《金史·地理志》："潞阴，辽太平中以潞阴村置。"县治同辽。

通州 《金史·地理志》:"通州,下,刺史。天德三年(1151年)升潞县置,以三河隶焉。兴定二年(1218年)五月升为防御(州)。"《金史·海陵纪》:正隆四年(1159年)二月,"造战船于通州";十月,"观造船于通州"。州治潞县城,领潞、三河二县。潞县在今北京市境。

潞县 仍旧置,治所在今通州。《金史·地理志》:"潞,晋县名,有潞水。"

附记:三河县北部亦在今北京市境,今顺义区东部尹家府、大孙各庄、张各庄、沙岭、龙湾屯以及平谷区马坊、马昌营、峪口等乡镇,旧为三河县地。

顺州 《金史·海陵纪》:天德二年(1150年)九月"癸亥,猎于近郊。丁卯,次顺州"。同书《世宗纪》:大定十二年(1172年)二月,"上如顺州春水"。《金史·地理志》:"顺州,下,刺史。辽置归化军。"领温阳、密云二县。

温阳县 《金史·地理志》:"旧名怀柔,明昌六年(1195年)更。有螺山、淑水、兔耳山。"县治即今顺义,为顺州治。

密云县 本檀州密云县。金省檀州及行唐县,以密云县属顺州。《金史·世宗纪》:大定四年(1164年)十月癸丑朔,"猎于密云县"。《金史·地理志》:"密云,辽檀州武威军。"县治即今密云。

平谷县 《金史·地理志》:"平峪,大定二十七年(1187年)

以渔阳县大王镇升。"《读史方舆纪要》平谷县下："（蓟）州西北八十里，西南至三河县四十里。本汉县，属渔阳郡。晋废。今县本唐渔阳县之大王镇，金始置平谷县于此。"县属蓟州，治所即今平谷。

奉先县 《金史·地理志》："奉先，大定二十九年（1189年）置万宁县，以奉山陵。明昌二年（1191年）更今名。有房山、龙泉河、盘宁宫。"《金史·章宗纪》：明昌四年（1193年）九月，"庚午，如山陵，次奉先县。辛未，拜天于县西。壬申，致奠诸陵"。《读史方舆纪要》："房山县，（涿）州西北四十里。东至（顺天）府城百二十里，西至保定府易州涞水县八十里。本良乡、宛平、范阳三县地。金大定二十九年（1189年）始置万宁县，以奉山陵。明昌二年（1191年）改为奉先县。元至元二十七年（1290年）改为房山县。"县属涿州，治所即今房山。

附记：《金史·海陵纪》：贞元三年（1155年）三月，"乙卯，命以大房山云峰寺为山陵，建行宫其麓"。五月，"乙卯，命判大宗正事（完颜）京如上京，奉迁太祖、太宗梓宫。丙寅，如大房山，营山陵"。十月，"己卯，梓宫至中都，以大安殿为丕承殿，安置"。"丁酉，大房山行宫成，名曰磐宁"。十一月乙巳朔，"梓宫发丕承殿。戊申，山陵礼成"。

镇州 《金史·地理志》于缙山县下："辽儒州缙阳军县故名，

皇统元年(1141年)废州来属(西京路德兴府),崇庆元年(1212年)升为镇州。镇一,永安。"《金史·毕资伦传》:"毕资伦,缙山人也……崇庆元年,改缙山为镇州,术虎高琪为防御使,行元帅府事于是州。至宁元年(1213年)秋,大元兵至镇州,高琪弃城遁。"《金史·术虎高琪传》:"大安三年(1211年)累官泰州刺史,以虬军三千屯通玄门外。未几,升缙山县为镇州,以高琪为防御使。"州治在今延庆东北旧县,领缙山县。

缙山县 西京路德兴府属县。《金史·徒单镒传》:"术虎高琪驻兵缙山,甚得人心,士为乐用。至宁元年(1213年),尚书左丞完颜纲将行省于缙山……纲至缙山,遂败绩焉。"《读史方舆纪要》:"缙山废县,今(延庆)州治。汉上谷郡居庸县地。唐为妫川县地。唐末析置缙山县,为儒州治。契丹因之。金(儒)州废,县属德兴府。至元三年(1266年)省入怀来县。五年(1268年)复置。"县治在今延庆东北旧县,曾为镇州治。

附记:永安镇,属缙山县,《北京历史地图集》标注于居庸关北口。又今延庆县东境四海冶乡有"永安"地名,抑或金永安镇在此。

兴州 《金史·地理志》:"兴州,宁朔军节度。本辽北安州兴化军,皇统三年(1143年)降军置兴化县,承安五年(1200年)升为兴州。置节度,军名宁朔,改利民寨为利民县……贞祐二年(1214年)四月,侨置于密云县。"按兴州治喀喇河屯(承德滦河镇），领兴化、宜兴二县。兴化为州治。宜兴，《金史·地理志》："本兴化县白檀镇，泰和三年（1203年）升县来属（兴州）。"按宜兴县治在今滦平县东北小城子，县境西南部当在今北京市境，为怀柔区北部和密云区西部长城外山区。

附记：《金史·熙宗纪》：天眷元年（1138年），"省燕、中、西三京，平州东、西等路州县"。原析津府属玉河、都市二县，檀州及所领行唐县，儒州等，当在此时省废。

元、明、清时期

元代,改中都为大都,北京正式成为我国的首都。除民国短暂时期外,北京作为都城的地位至今不变。元代的行政建置实行省(行省)、路、府、州、县五级制,省作为一级建置开始出现。涉及北京的行政建置主要是路、府、县三级。

明清时期,我国的行政建置实行布政使司(省)、府、州、县四级。涉及北京的主要是府、县二级。

辽代至清,北京由我国的北方重镇逐渐演化为全国的政治中心,政治地位发生了重大变化。在此期间,府、县始终为其最主要的行政建制。作为都城,北京设置的府、县均比外地高一级。大兴(辽代初为蓟北,后改析津,金代改为大兴县)、宛平(辽代初为幽都,后改宛平)二县自辽代开始成为北京的依郭县。

元

元系蒙古民族首领建立的政权。金泰和六年（1206年）蒙古族首领铁木真即皇帝位于斡难河之源，号成吉思汗。成吉思汗六年（1211年），始南下伐金。八年（1213年），金室迁都南京（开封）。十年（1215年），蒙古军攻占金中都，改称燕京，置燕京路。窝阔台六年（1234年），灭金。世祖中统五年（1264年）八月，改燕京为中都，燕京路改称中都路，大兴府仍旧。至元四年（1267年），始于中都城东北郊另建新都城。八年（1271年）改国号曰"元"。九年（1272年），新建都城命名为大都，中都路改为大都路。十六年（1279年）灭南宋，统一全国。二十一年（1284年）立大都路总管府，上统于中书省，下领州县。后州县有升有降，有废有置，有迁有改。元代，大都为全国首都，以大都为治所，最高一级行政建置为中书省，次为大都路，再次为大兴府。大兴、宛平为依郭县。今北京市分属大都路和上都路，州有通州、顺州、檀州、漷州、龙庆州，涿州和蓟州之一部亦在今北京市境；县有大兴、宛平、良乡、昌平、潞、平谷、房山、缙山。

中都 本金中都。成吉思汗十年（1215年），蒙古军攻占中都，籍中都帑藏，改中都为燕京。元世祖中统五年（1264年）八月，

"诏改燕京为中都"。至元九年（1272年）二月，"改中都为大都"。故中都之称只延续八年。

大都 《元史·世祖纪》：至元四年（1267年）正月，"城大都"；四月，"新筑宫城"；五年（1268年）十月戊戌（二十一日），"宫城成"。九年（1272年）二月壬辰（初三日），"改中都为大都"。《元史·地理志》：大都"城方六十里，十一门：正南曰丽正，南之右曰顺承，南之左曰文明；北之东曰安贞，北之西曰健德；正东曰崇仁，东之右曰齐化，东之左曰光熙；正西曰和义，西之右曰肃清，西之左曰平则"。大都城内有皇城和宫城。皇城位于大都城南部中央地区，又称萧墙或红门拦马墙，周垣约二十里。正南门曰灵星门，门前为宫廷广场。宫城又叫大内，位于皇城东部。《南村辍耕录》：宫城"周回九里三十步，东西四百八十步，南北六百五十步，高三十五尺"。南面三门，中曰崇天门，左曰星拱门，右曰云从门，东面东华门，西面西华门，北面厚载门。宫城内主要宫殿是大明殿和延春阁。宫城西隔太液池与隆福宫和兴圣宫相望。元大都是经过周密规划设计而修建的。全城几何中心称"中心之台"，其东十五步建"中心阁"，由丽正门、灵星门、崇天门、大明殿、延春阁至中心阁为全城中轴线。《析津志》："大街二十四步阔，小街十二步阔，三百八十四火巷，二十九衖通。"《元史·世祖纪》：至元二十二年（1285年）二月，"诏旧城居民之迁京城者，以赀高及居职者为先，仍定制以八亩为一份，其或地过八亩及力不能作室者，皆不得冒据，听民作室"。黄文仲《大

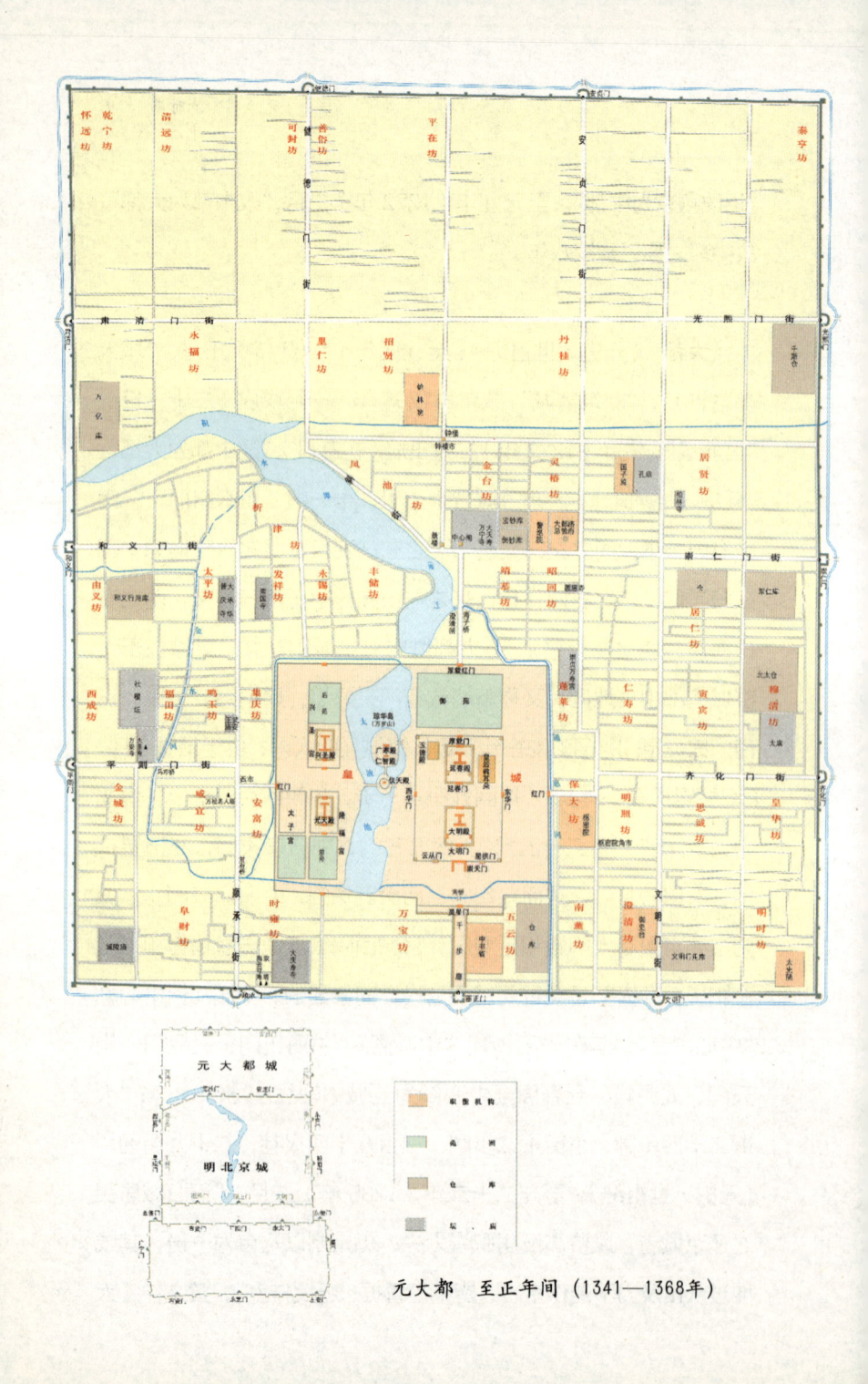

元大都　至正年间（1341—1368年）

都赋》:"论其市廛，则通衢交错，列巷纷纭。大可以并百蹄，小可以方八轮。街东之望街西，仿而见兮而闻；城南之走城北，出而晨归而昏。"《马可·波罗游记》:"全城划地为方形，划线整齐，建筑房舍……方地周围皆是美丽道路，其行人由斯往来。全城地面规划有如棋盘，其美善至极，未可言宣。"大都城内分为六十坊，设警巡院以领坊市民事。《元史·地理志》:"初设警巡院三，至元四年（1267年）省其一，止设左、右二（警巡）院。"赵万里辑本《元一统志》:"元初设大都警巡院及左右二院"，"建置于至元十二年（1275年），至二十四年（1287年）省并，止设左右二院,分领京师城市民事。"但《元史·成宗纪》:大德九年（1305年）十一月，"增大都南城警巡院"。又《元史·武宗纪》:至大三年（1310年）二月，"增大都警巡院二，分治四隅"。是知元大都（包括南城）共设立五警巡院。警巡院是掌管大都城市民事的主要行政机构。

中书省　《元史·世祖纪》:中统元年（1260年）四月戊戌朔，"立中书省，以王文统为平章政事，张文谦为左丞"。中统二年（1261年）九月庚申朔，"诏以忽突花宅为中书省署"。至元九年（1672年）二月，"建中书省署于大都"。《元史·地理志》:"中书省统山东（山）西、河北之地，谓之腹里，为路三十九，州八，属府三，属州九十一，属县三百四十六。"与今北京市有关的大都路及上都路所属州县，皆直接或间接为中书省统辖。

燕京路　成吉思汗十年（1215年），蒙古军占领金中都后，改称燕京。窝台二年（1230年）十一月，始置燕京路。《元史·太宗纪》：这年十一月，"始置十路征收课税使，以陈时可、韩昉使燕京"。《元史·世祖纪》：中统元年（1260年），"以祃祃、赵璧、董文炳为燕京路宣抚使"。三年（1262年）十二月，"立诸路转运司，以燕京路监榷官曹泽等为之使"。五年（1264年）八月，"诏改燕京为中都"，燕京路遂改为中都路。燕京路在元初存在三十四年。燕京路治燕京，所领州县与今北京市相关者，有大兴、宛平、良乡、昌平、通州及潞县、漷阴县、顺州、檀州、平谷县、奉先县等。缙山县当属开平路。

中都路 本燕京路。元世祖中统五年（1264年）八月改燕京为中都后，燕京路遂改为中都路。《元史·世祖纪》：至元四年（1267年）三月，"敕中都路建习乐堂，使乐工隶业其中"。五年（1268年）九月，"中都路水"，"罢中都路和雇所"。九年（1272年）二月，"改中都为大都"，中都路遂改称大都路。中都路治中都，所领州县与今北京市相关者，当同燕京路。但缙山县时属上都路。

大都路 本中都路。元世祖至元九年（1272年）改中都为大都后，中都路遂称大都路。《元史·世祖纪》：至元九年四月，"赈大都路饥"。十年（1273年）五月，"以雄、易州复隶大都（路）"。十三年（1276年）正月，"敕大都路总管府和雇和买，权豪与民均输"。《元史·成宗纪》：大德五年（1301年）六月，"大都路水"。《元史·仁宗纪》：皇庆元年（1312年）二月，"徙大都路学所置

元　大都路　延祐三年（1316年）

周宣王石鼓于国子监"。《元史·地理志》："大都路，唐幽州范阳郡。辽改燕京。金迁都，为大兴府。元太祖十年（1215年）克燕，初为燕京路，总管大兴府。太宗七年（1235年）置版籍。世祖至元元年（1264年），中书省臣言：'开平府阙亭所在，加号上都，燕京分立省部，亦乞正名。'遂改中都，其大兴府仍旧。四年（1267年），始于中都之东北置今城而迁都焉……九年（1272年）改大都。十九年（1282年）置留守司。二十一年（1284年）置大都路总管府……领院二、县六、州十；州领十六县。"按元大都路衙署在今交道口西北隅。所领州县与今北京市相关者，有大兴、宛平、良乡、昌平、通州及潞县与三河县北部、漷州、顺州、檀州、龙庆州及缙山县、涿州之房山县、蓟州之平谷县等。另有左、右二警巡院。

大兴县 《元史·地理志》谓大兴、宛平"分治郭下"。元代大兴县治所，旧以为在大都城内，其实不然。《永乐大典》辑本《顺天府志》引《元一统志》：大兴县"北至大都三里，东至本县东郊亭东通州界首三十里，西至旧城（指金中都故城）施仁门一里……西北到宛平县十里"。可知元大兴县治在大都城南三里、故中都城施仁门外一里，准其地望，当在今和平门外海王村一带。

宛平县 旧以为宛平县治在大都城内。《永乐大典》辑本《顺天府志》引《元一统志》：宛平县"东北至大都平则门五里，东至大兴县界丽正门九里……东到大都顺承门五里……东南到大兴县十里"。据此而知元宛平县治当在今西便门外真武庙头条至三条一带。

良乡县 因旧置，治所在今良乡。

昌平县 因旧置。《元史·仁宗纪》：皇庆二年（1313年）十月，"徙昌平县于辛店"。辛店地名今存，在昌平西大约六公里。《昌平外志》谓至正间（1341—1386年）复迁回旧治。旧治者即今昌平西之旧县。《日下旧闻考》录元人宋渤撰《重修狄梁公祠记》："昌平县治在燕山南麓。邑北门外旧有唐狄梁公废祠，不知始建何代。"按狄梁公祠祀唐狄仁杰，狄氏曾任昌平县令，其祠废址在旧县村北，故元代昌平县治一度在辛店。

通州 《元史·地理志》:"通州,唐为潞县。金改通州,取漕运通济之义,有丰备、通济、太仓以供京师。领二县:潞,三河。"

潞县 《元史·英宗纪》:至治元年(1321年)七月,"通州潞县榆棣水决"。《元史·文宗纪》:天历二年(1329年)七月,"大都之东安、蓟州、永清、益津、潞县,春夏旱,麦苗枯。六月壬子(二十六日)雨,至是日(七月初三日)乃止,皆水灾"。潞县与通州同治。

附记:通州属之三河县,其北部在今北京市境,分划给顺义与平谷。

漷州 《元史·地理志》:"漷州,辽金为漷阴县。元初为大兴府属邑。至元十三年(1276年),升漷州,割大兴府之武清、香河二邑来属。"《元史·世祖纪》:至元十三年八月"升漷阴县为漷州"。《大清一统志》:"旧志,(漷县)旧治在城南隅。元升为漷州,迁于河西务。至正间复移旧治。"《元史·顺帝纪》:至正元年(1341年)四月,"罢漷州河西务",漷州复移旧治当在此时。

附记:《大清一统志》谓漷州于"至正间复移旧治",非也。漷州"旧治"即漷阴县故城,在今通州区南境牛堡屯乡大、小北关和前、后南关间。但元末漷州自武清县河西务移治于更靠近大运河之处,即今漷县村所在,西距漷阴县故治约六公里。漷州所领香河、武清二县皆在今北京市境外,略。

顺州 《元史·地理志》:"顺州，唐初改燕州，复为归德郡，复为顺州，复为归顺州。辽为归化军。宋为顺兴军。金仍为顺州，置温阳县。元废县存州。"

附记：温阳县废于何时，文献无载。《元史·世祖纪》：至元二年（1265年）十二月，"省并州县二百二十余所"，温阳县当为其一。

檀州 《元史·地理志》:"檀州，唐改密云郡，又复为檀州。辽为武威军。宋为镇远军。金仍为檀州。元因之。"

附记：《金史·地理志》不载檀州，仅以密云县系于顺州下。此谓"金仍为檀州"，疑误。《读史方舆纪要》于密云县下云："隋开皇十六年改（玄州）置檀州……唐初仍曰密云县，为檀州治……辽仍曰檀州……金废州，以县属顺州，后复为檀州，以密云县并入。元因之。"这里的"后复为檀州"含糊其词，实不确指。考《元史》的《太祖纪》《太宗纪》《宪宗纪》中，通、顺、涿、蓟诸州皆见，唯不见檀州。《世祖纪》中，中统二年（1261年）八月有"立檀州驿"的记载；同年十一月，有"帝亲将诸万户汉军及武卫军，由檀、顺州驻潮河川"的记载。可见，檀州复置当在元世祖即位前后。

龙庆州 《元史·地理志》：龙庆州，唐为妫川县。金为缙山县。《元史·世祖纪》：中统二年（1261年）十一月，"诏汉军屯怀来、缙山"。三年（1262年）五月，"缙山至望云立海青驿"。元世祖至元三年（1266年）省入怀来县，至元五年（1268年）复置。本属上都略宣德府奉圣州。至元十八年（1281年）闰八月，"敕守缙山道侍卫军还京师"。十九年（1282年）七月，"发察汗脑儿军千人治缙山道"。《元史·仁宗纪》：延祐三年（1316年）九月，"割上都（路）宣德府奉圣州怀来、缙山二县隶大都路。改缙山县为龙庆州，帝生是县，特命改焉"。从此缙山县为龙庆州取代。元龙庆州与缙山县治所在今延庆县东北旧县村。

缙山县 从元初至延祐三年（1316年）为缙山县，隶上都路宣德府奉圣州。延祐三年，改置龙庆州，改隶大都路。即今延庆县地。

房山县 《元史·地理志》："房山，金奉先县，至元二十七年（1290年）改今名。"隶涿州。《元史·世祖纪》：至元二十七年二月丙戌（十二日）"改奉先县为房山县"。县治即房山城。

平谷县 《元史·地理志》："平谷，至元二年（1265年）省入渔阳，十三年（1276年）复置。"属蓟州。《元史·世祖纪》：至元十三年正月甲午（二十八日），"复蓟州平谷县"。县治即今平谷。

怀柔县 《大元混一方舆胜览》于"檀州"下列怀柔、密云二县。于檀州"沿革"下注:"旧有密云、燕乐二县,今传录本无燕乐,有怀柔。"按据此知元代已有怀柔县之置。《大元混一方舆胜览》成书于元成宗大德年间,是知怀柔县之置当在此前,《元史·地理志》缺载。又知《明实录》洪武元年十一月省怀柔县入檀州无误。

大兴府 《元史·世祖纪》:至元元年(1264年)八月乙卯(十四日),"诏改燕京为中都,其大兴府仍旧"。大都路设置后,大兴府直至元末未废。《元史·地理志》漷州下:"元初为大兴府属邑,至元十三年(1276年)升漷州,割大兴府之武清、香河二邑来属。"《元史·选举志》:"仁宗延祐四年(1317年),大兴府尹马思忽重修(大都路学)殿门堂庑,建东西两斋。泰定三年(1326年),府尹曹伟增建环廊。"《元史·祭祀志》:至正九年(1349年)议定,于每年秋季九月九日完成祭祀三皇之事。其中"大兴府尹供牺牲、制币、粢盛、殽核"。可见终元之世,大兴府未废。但《元史·地理志》和《元一统志》不载,故以往误以为元无大兴府。因大兴府尹皆由大都路总管兼任,故大兴府属县当即大都路直属六县,即大兴、宛平、良乡、昌平、永清、宝坻。

附记:今怀柔县长城外山区和密云西部长城外山区,元代当属兴州宜兴县地,属上都路领辖。

明

明初建国，定都应天府（今南京）。洪武元年（1368年）八月，大将徐达率明军进攻大都，元顺帝率后妃群僚北遁朔漠。明军克占大都后，遂改名北平，改大都路为北平府。又弃大都城北部，南缩五里新筑北平城北垣。同年十月以元都平诏天下。二年（1369年）三月置北平行中书省，八月置燕山都卫，与北平行中书省同治北平府。三年（1370年），封皇四子朱棣为燕王。八年（1375年）十月，改燕山都卫为北平都指挥使司。九年（1376年）六月，改北平行中书省为北平承宣布政使司。十三年（1380年）燕王朱棣到北平。建文元年（1399年），燕王起兵，发动"靖难"之役。四年（1402年）六月，燕兵陷京师，建文帝不知所终，燕王即皇帝位，建元"永乐"。永乐元年（1403年）正月，以北平为北京，改北平府为顺天府，时称"行在"。二月，罢北平布政使司，所领府、州、县直隶北京行部；又罢北平都指挥使司，以所领卫所直隶北京留守行后军都督府。四年（1406年），营建北京宫殿城池。十九年（1421年）迁都北京，改北京为京师，原京师改称南京。罢北京留守行后军都督府，直隶后军都督府；罢北京行部，诸司直隶六部。洪熙元年（1425年），将还都南京，复北京行部及行后军都督府，北京诸司悉称行在。宣德三年（1428年），罢

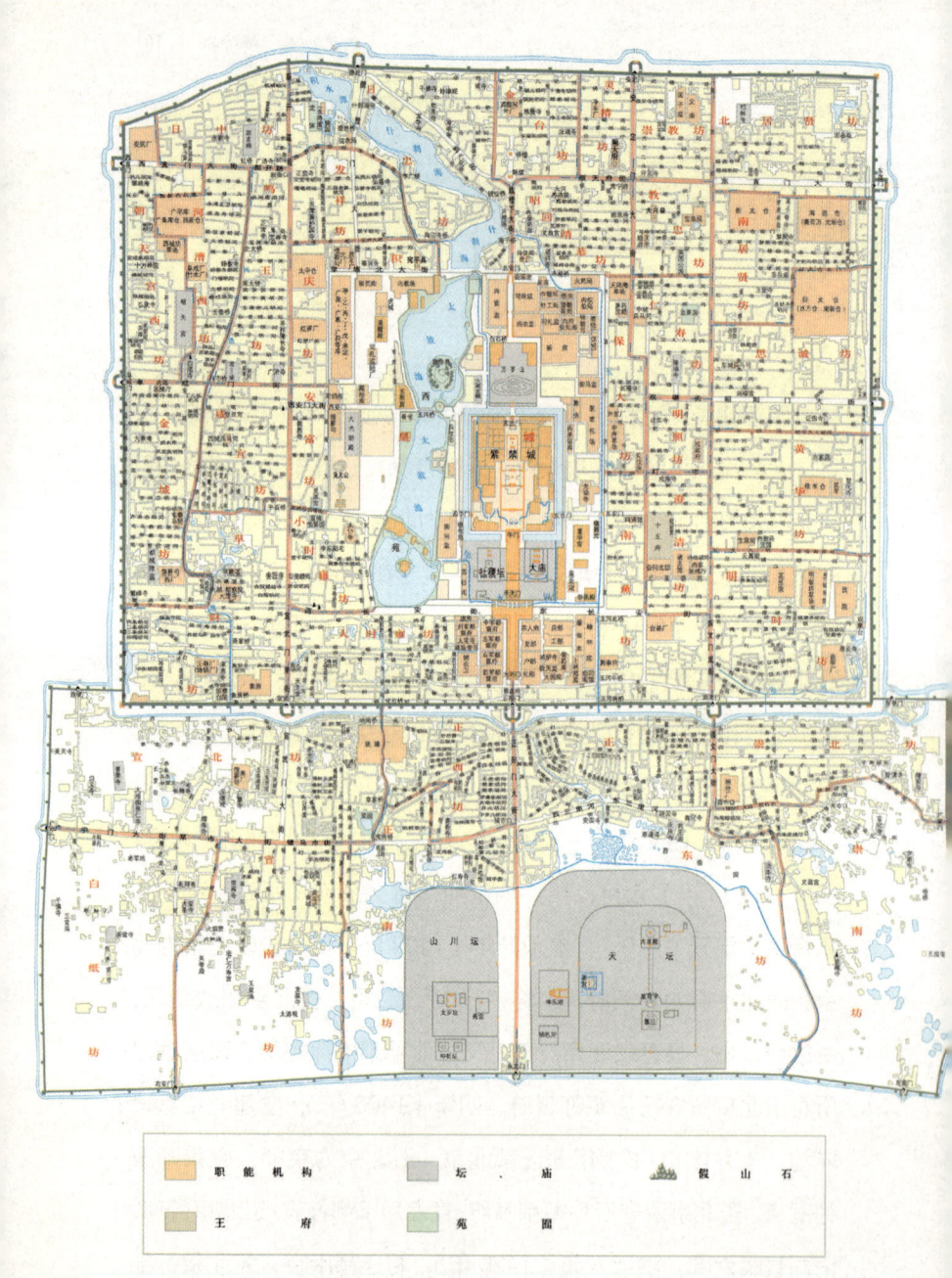

明北京城　万历至崇祯年间（1573—1644年）

北京行部及行后军都督府。正统六年（1441年）十月，定都北京，文武诸司不称行在。嘉靖三十二年（1553年），筑成北京外城。至崇祯十七年（1644年）三月丁未（十八日）李自成农民军攻陷京师，崇祯帝缢死煤山。明有国二百七十七年。其间，北京地区的行政建置可分为两个阶段：第一阶段从洪武元年至建文四年，共三十五年，时称北平。以北平为治所的一级政区是北平承宣布政使司；二级政区是北平府，所领州县在今北京市境者有大兴县、宛平县、良乡县、通州及漷县、涿州之房山县、昌平县、顺义县、怀柔县、密云县、蓟州之平谷县等。第二阶段从永乐元年至明亡，共二百四十二年，时称北京，以北京为治所的一级政区是京师，又称北直隶；二级政区是顺天府，所领州县在今北京市境者有大兴县、宛平县、良乡县、通州及漷县，昌平州及顺义、怀柔、密云三县，涿州之房山县，蓟州之平谷县等。另外，京师直属之隆庆州（后改延庆州）及永宁县，也在今北京市境。还有几个有实土的卫所。

北平 本元大都，洪武元年（1368年）八月庚午（初二），"徐达入元都，封府库图籍，守宫门，禁士卒侵暴"。壬午（十四日），"改大都路曰北平府"，亦即废大都名号，改称北平。

北平行中书省 《明太祖实录》：洪武二年（1369年）三月癸丑（十九日），"置北平、广西二行省"。北平行中书省治北平府，领八府、三十七州、一百三十六县，后改北平承宣布政使司。是明初以北平为治所的最高一级行政建置。

北平承宣布政使司　《明史·太祖纪》：洪武九年（1376年）六月甲午（十一日），"改行中书省为承宣布政使司"。北平行中书省遂改为北平承宣布政使司。治所与所领府、州、县同北平行中书省。永乐元年（1403年）罢。

北平府　洪武元年（1368年）八月壬午（十四日），改大都路置。同年十月属山东行省。二年（1369年）三月改属北平行中书省。九年（1376年）六月，又改属北平承宣布政使司。府治北平，所领州县在今北京市境者有大兴、宛平、良乡、昌平、顺义、怀柔、密云、通州、潞县、涿州之房山县、蓟州之平谷县，以及通州属三河县之北部等。洪武年间，北平府所领州县的变化较多。《明史·地理志》：洪武元年（1368年）降顺州为顺义县。十一月，省怀柔县入檀州，十二月复分密云、昌平县地置怀柔县。十一月，省密云县入檀州，十二月，复置密云县并省檀州。洪武初，省潞县入通州。洪武十年（1377年）二月，省平谷入三河县，十三年（1380年）十一月复置平谷县。洪武十四年（1381年）二月，降潞州为潞县，改隶通州。洪武初，龙庆州属永平府，洪武三年（1370年）三月，改隶北平府，寻废。至永乐元年（1403年）北平府改为顺天府。

附记：洪武年间（1368—1398年），大兴县治迁于北平城内教忠坊（今东城大兴胡同）；宛平县治迁于北平城内丰储坊（今西城地安门西大街路北）。《永乐大典》辑本《顺天府志》：大兴"县治在都（教）忠坊，洪武三年依式创盖"。宛平"县治在府城内西北丰储坊，洪武三年依式盖造"。是知大兴、宛平二县治所于洪武三年（1370年）迁于北平城内。

燕山都卫　《明史·地理志》：洪武二年（1369年）八月，"置燕山都卫，与行中书省同治"。八年（1375年）十月，"改都卫为北平都指挥使司"，为军事建置，掌领卫所。《明太祖实录》：洪武二年三月，"是月置密云卫"。八月，"置燕山前后二卫"。三年（1370年）正月，"置永平卫"。四年（1371年）六月，"置彭城、济州、济阳三卫于北平"。七月，"置蓟州卫指挥使司"。五年（1372年）七月，"北平永清卫军器库火"。九年（1376年）八月，"敕燕山前、后（卫），永清左、右（卫），蓟州（卫）、永平（卫）、密云（卫）、彭城（卫）、济阳（卫）、济州（卫）、大兴（卫）十一卫分兵守北边关隘"。如上各卫皆归燕山都卫统辖。

北平都指挥使司　《明史·地理志》：洪武八年（1375年）十月，"改都卫为北平都指挥使司"。永乐元年（1403年）罢。治所及所统当同燕山都卫。

北京　本北平。《明史·成祖纪》：永乐元年（1403年）正月辛卯（十三日），"以北平为北京"。四年（1406年）闰七月壬戌（初五日），"诏以明年五月建北京宫殿，分遣大臣采木于四川、湖广、江西、浙江、山西"。十八年（1420年）九月丁亥（三十二日），"诏自明年改京师为南京，北京为京师"。十一月戊辰（初四日），"以迁都北京诏天下"。《明史·世宗纪》：嘉靖三十二年（1553年）十月，"京师外城成"。《明史·地理志》：北京"宫城周六里一十六步，亦曰紫禁城。门八，正南第一重曰承天（门），第二重曰端门，第三重曰午门，东曰东华，西曰西华，北曰玄武。宫城之外为皇城，周一十八里有奇。门六：正南曰大明，东曰东安，西曰西安，北曰北安，大明门东转曰长安左，西转曰长安右。皇城之外曰京城，周四十五里，门九：正南曰丽正，正统初改曰正阳；南之左曰文明，后曰崇文；南之右曰顺城（承），后曰宣武；东之南曰齐化，后曰朝阳；东之北曰崇仁，后曰东直；西之南曰平则，后曰阜成；西之北曰彰（和）义，后曰西直；北之东曰安定，北之西曰德胜。嘉靖三十二年筑重城，包京城之南，转包东西角楼，长二十八里。门七：正南曰永定，南之左为左安，南之右为右安；东曰广渠，东之北曰东便；西曰广宁，西之北曰西便"。按明北京城是在元大都基础上先缩建、又改建、后扩建而成。城套城，城连城，总体上呈凸字形轮廓。是永乐以后明王朝的首都，又称京师。

北京行在　《明史·地理志》："永乐元年（1403年）正月建北京于顺天府，称为行在。""行在"是"行在所"省称，封建社会里天子自谓所至之地为"行在所"。北京行在乃指北京城而言。

北京行部 《明史·地理志》：永乐元年（1403年）"二月罢北平布政使司，以所领直隶北京行部"。是知北京行部由北平布政使司改置。按汉代刺史于秋天巡行所部，考察刑政，谓之"行部"。但这里的北京行部乃是以北京为治所的一级行政区，所领同北平布政使司。永乐十九年（1421年）正月，因已迁都北京，故改北京为京师，并罢北京行部。

北京留守行后军都督府 《明史·成祖纪》：永乐元年（1403年）二月庚戌（初三），"设北京留守行后军都督府"。《明史·地理志》：永乐元年二月，"罢北平都指挥使司，以所领直隶北京留守行后军都督府"。十九年（1421年）正月，"罢北京留守行后军都督府，直隶后军都督府"。《明史·仁宗纪》：洪熙元年（1425年）三月，"复北京行部及行后军都督府"。《明史·宣宗纪》：宣德三年（1428年）八月，"罢北京行部及行后军都督府"。至正统六年（1441年）定都北京，北京行后军都督府终废。北京留守行后军都督府，为军事建置，统领六十一卫和三个所。其中永宁卫（洪武十二年置）、隆庆卫（洪武三年置居庸关千户所，建文四年燕王朱棣改为隆庆卫）有实土，在今北京市境。宜兴卫（后改宜兴守御千户所）之西南部当亦在今北京市境。

京师 《明史·成祖纪》：永乐十八年（1420年）九月丁亥（二十二日），"诏自明年改京师为南京，北京为京师"。《明史·地理志》:"京师,《禹贡》冀、兖、豫三州之域。元直隶中书省。洪武元年(1368年)四月分属河南、山东两行中书省。二年(1369年)三月置北平等处行中书省,治北平府,先属山东、河南者皆复其旧。领府八,州三十七,县一百三十六。八月置燕山都卫,与行中书省同治。八年(1375年)十月改都卫为北平都指挥使司。九年(1376年)六月改行中书省为承宣布政使司。永乐元年(1403年)正月建北京于顺天府,称为'行在'。二月罢北平布政使司,以所领直隶北京行部;罢北平都指挥使司,以所领直隶北京留守行后军都督府。十九年(1421年)正月改北京为京师。罢北京留守行后军都督府,直隶后军都督府……罢北京行部,直隶六部。洪熙初仍称行在。正统六年(1441年)一月罢称行在,定为京师。(领)府八、直隶州二、属州十七、县一百一十六。"按明代京师,既指北京城,又是政区名称。《天府广记》:"京师之地分为五城,每城有坊。中城曰南薰坊、澄清坊、仁寿坊、明照坊、保泰坊、大时雍坊、小时雍坊、安福坊、积庆坊;东城曰明时坊、黄华坊、思诚坊、居贤坊、朝阳坊;南城曰正东坊、正西坊、正南坊、宣南坊、宣北坊、崇南坊、崇北坊;西城曰阜财坊、金城坊、鸣玉坊、朝天坊、咸宜坊、关外坊;北城曰崇教坊、昭回坊、清泰坊、灵椿坊、登(发)祥坊、金台坊、教忠坊、日中坊、关外坊。每城设有兵马司……每司设指挥各一员,副指挥各四员,吏目一员。中城只称中兵马指挥司,不称城。中兵马司在城内仁寿坊,东城兵马司在城内思诚坊,南城兵马司在城外正阳街,西城兵马司在城内咸宜坊,北城兵马司在城内教忠坊。"作为行政区的京师,又称北直隶。所辖府州县在今北京市境者有顺天府、通州、昌平州、隆庆州、大兴、宛平、良乡、顺义、怀柔、密云、涿州之房山县、蓟州之平谷县等。

顺天府 《明史·地理志》："顺天府，元大都路，直隶中书省。洪武元年(1368年)八月改为北平府。十月属山东行省。二年(1369年)三月改属北平（行中书省）。三年（1370年）四月建燕王府。永乐元年（1403年）正月升为北京，改为顺天府。"又云：永乐元年正月，"建北京于顺天府"。《明史·成祖纪》：永乐元年二月"改北平曰顺天府"。《明实录》：永乐元年正月辛卯（十三日），"以北平为北京"。二月庚戌（初三），"改北平府为顺天府"。可见《明史·地理志》说有欠确切。明顺天府治在灵椿坊，即元大都路旧署。《京师五城坊巷胡同集》：灵椿坊内有顺天府街，即今交道口西街，顺天府衙在交道口西北隅。《明史·地理志》：顺天府领州五、县二十二。其中直领县七，又五州领县十五。在今北京市境者有大兴县、宛平县、良乡县、通州、漷县、昌平州、顺义县、怀柔县、密云县、涿州之房山县、蓟州之平谷县等，又三河县北部亦在今北京市境。

大兴县 依郭，治所在东城教忠坊大兴县胡同。

宛平县 依郭，治所在西城积庆坊，今地安门西大街全国妇女干部管理学院址。

良乡县 治今良乡镇。

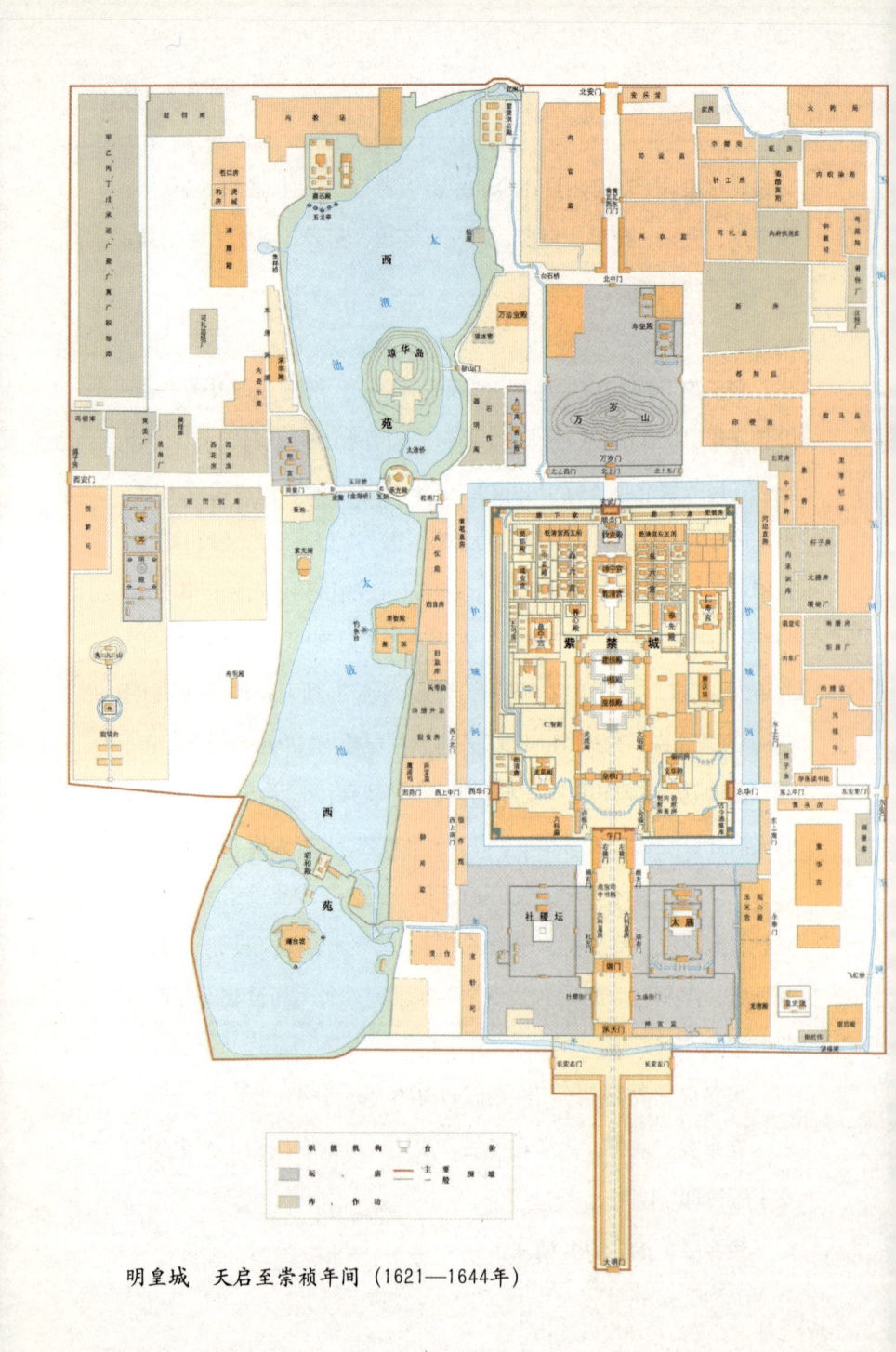

明皇城　天启至崇祯年间（1621—1644年）

通州 《明史·地理志》:"洪武初以州治潞县省入。"治今通州,领四县,漷县在今北京市境。

漷县 《明史·地理志》:"(通)州南。元漷州。洪武十四年(1381年)二月降为县来属。"指来属通州。县治在今通州东南部漷县村。

昌平州 《明史·地理志》:"元昌平县,直隶大都路,正德元年(1506年)七月升为州,旋罢,八年(1513年)复升为州。旧治白浮图城,景泰元年(1450年)筑永安城于东,三年(1452年)迁县治焉。"但是,昌平县升州年月史有异说。《明实录》:正德元年五月癸卯(二十四日),南京吏部尚书林瀚等疏言:"……改州治,谓昌平陵寝所在,宜改县为州,割密云、顺义、怀柔三县隶之,以便供应……诏从之。"同书七月癸卯(二十六日),"改昌平县为昌平州,以密云、顺义、怀柔三县隶之……从南京吏部尚书林瀚等奏也"。同书正德三年(1508年)十二月癸未(二十日),"复昌平州为县。先是,议者以昌平近陵寝,供应烦劳,奏改为州,隶以怀柔、顺义、密云三县,免其养马杂差。而宛平、大兴二县,亦以差重劳烦免养马。既而太仆寺具奏,兵部覆:州县养一马,例给粮地五十亩,今宜令宛、大、昌平三处仍养马,而一马加给地一百亩,庶几民力少宽。且昌平未改州前,未见废事,今似宜仍为县。上是之,乃复为县,并怀柔等县各养马如旧"。同书,正德九年(1514年)四月己亥(初六),"复以昌平县为昌平州,领密云、顺义、怀柔三县。以陵寝所在,供亿滋烦,民不聊生。正德初,从南京吏部尚书林瀚言升县为州,以密云三县来属，协济供应。未几，刘瑾废州复为县。至是县丞张怀以闻，具奏，民有十苦，言甚切。至下户部议可，乃复为州"。可知昌平真正升为州是正德九年事。故此前昌平为县，洪武、建文间属北平府，永乐元年（1403年）后属顺天府。昌平州仍为府属州，领密云、顺义、怀柔三县。景泰三年（1452年）前，县治在今昌平城西旧县。景泰三年迁治永安城，即今昌平城处。升州后，州治未改。

密云县 《明史·地理志》："元檀州，后置县，为州治。洪武元年（1368年）十一月省县入州；十二月复置县，省州入焉。属（北平、顺天）府。正德元年（1506年）七月来属（昌平州）。"治今密云。

怀柔县 《明史·地理志》："洪武元年（1368年）十一月省入檀州；十二月复分密云、昌平二县地置。属（北平、顺天）府。正德元年（1506年）七月来属（昌平州）。"按怀柔县之置颇有争论。《明实录》：洪武元年（1368年）十一月壬子（十五日），"并怀柔、密云二县地入檀州"。十二月丙戌（二十日），"仍改檀州为密云、怀柔二县"。《国榷》：洪武元年十一月壬子，"怀柔、密云县并入檀州"；十二月丙戌，"檀州仍为密云、怀柔"。但《明实录》：洪武十三年（1380年）十一月庚戌（二十四日），"复置……北平（府）香河、平峪、怀柔、保定四县"。《大明清类天文分野之书》："怀柔县，本朝洪武十三年，分密云、昌平二县地，新建怀柔县，在顺义县北，属北平府。"《永乐大典》辑本《顺天府志》说与《大明清类天文分野之书》说相同。《昌平山水记》："（昌平）州东八十里为怀柔县，洪武十三年分密云、昌平二县地立焉。"《读史方舆纪要》:"明洪武十三年复置怀柔县,属顺天府。"万历《怀柔县志》:"国朝洪武初年,改檀州为密云县。十四年分密云县苍头里迤西之地为怀柔县,隶北平府。"按综上资料,怀柔县有置于洪武元年、洪武十三年、洪武十四年三说,俱列于上备考。实际上元代即有怀柔县,属檀州,见《大元混一方舆胜览》。县治即今怀柔。永乐元年(1403年)前属北平府,后属顺天府。正德元年至三年(1506—1508年)改属顺天府昌平州,后复直属顺天府。正德九年(1514年)复属昌平州。

顺义县 《明史·地理志》:"元顺州。洪武元年(1368年)十二月改为顺义县,属(北平、顺天)府。正德元年(1506年)七月来属(昌平州)。"《明实录》:洪武元年十二月丙戌(二十日),"改顺州为顺义县"。《国榷》:洪武元年十二月丙戌,"改顺州曰顺义县"。《永乐大典》辑本《顺天府志》:"洪武元年八月(顺州)内附,二年(1369年)三月降为顺义县,隶北平府。"《大明清类天文分野之书》:顺州"本朝洪武二年降为顺义县,属北平府"。按明初降顺州为顺义县之具体年月亦有二说。县治即今顺义地。永乐元年(1403年)前属北平府,后属顺天府。正德元年至三年(1506—1508年)改属顺天府昌平州,后复直属顺天府。正德九年(1514年)复属昌平州。

房山县 治今房山。永乐元年(1403年)前属北平府涿州,后属顺天府涿州。

平谷县 《明史·地理志》:"洪武十年(1377年)二月省入

三河县，十三年（1380年）十一月复置。"《明实录》：洪武十年二月己未（十一日），"革平谷县，以其地益三河县"。同书，洪武十三年十一月，"复置……香河、平峪、怀柔、保定四县"。按平峪即平谷，县治在今平谷地。永乐元年（1403年）前属北平府蓟州，后属顺天府蓟州。

延庆州　《明史·地理志》："延庆州，元龙庆州，属大都路。洪武初，属永平府。三年（1370年）三月属北平府，寻废。永乐十二年（1414年）三月置隆庆州，属北京行部。十八年（1420年）十一月直隶京师。隆庆元年（1567年）改曰延庆州……领县一永宁。"《明实录》：洪武三年（1370年）三月甲午（初五日），"以永平府所属宜兴、龙庆二州及怀来县俱隶北平府。"同书，洪武五年（1372年）七月戊辰（二十三日），"革妫川、宜兴、兴、云四州，徙其民于北平附近州县屯田"。按妫川即指龙庆州。《明实录》：永乐十二年（1414年）三月丁丑（初四），"设隆庆州并永宁县，隶北京行部。隆庆古缙云氏所都之地，金置缙山县，元仁宗生于县东，改为龙庆州。国初移其民入关内，州遂废。至是，上（指永乐帝）以其当要冲而土宜稼穑，改为隆庆州。又于州东团山下设永宁县隶焉，而以有罪当迁谪者实之"。时属北京行部。《明实录》：永乐十八年（1420年）十一月壬午（十八日），"革北京行部……北京行部所属顺天八府、保安、隆庆州并直隶（京师）"。《明实录》：隆庆元年（1567年）十一月庚午（十九日），"改隆庆州为延庆州，（隆庆）卫为延庆卫"。按为避纪元讳。乾隆《延庆州志》载明林廷举《延庆县城记》:"永乐甲午(十二年),太宗皇帝巡守北边,驻跸团山(在今延庆县东),以斯地厥土旷沃,群山环峙,遂创州治,迁民以实,命官以民。"明延庆州(隆庆州)治即今延庆。直隶京师,领永宁一县。

永宁县 《明史·地理志》:"永宁县,本永宁卫,洪武十二年(1379年)九月置。永乐十二年(1414年)三月置县于卫城。"《明实录》:洪武十二年九月丙辰(二十七日),"置北平永宁卫指挥使司及古北口守御千户所"。《明实录》:永乐十二年(1414年)三月丁丑(初四),"设隆庆州……又于州东团山下设永定县隶焉"。《读史方舆纪要》:"永宁县,(延庆)州东三十里,本缙山县地,永乐十一年(1413年)始置今县。"按永宁县始置时间当从《明实录》说。永宁县治即今延庆东境永宁镇。

附记:《明史·地理志》:"卫所有实土者附见,无实土者不载。"故见于《明史·地理志》之卫所,皆有实土,成为军政合一的政区单位。与今北京市相关者如下:

延庆右卫 《明史·地理志》:"本隆庆右卫,永乐二年(1404年)置于居庸关北口,直隶后军都督府。宣德五年(1430年)六月来属(万全都指挥使司),徙治怀来城。隆庆元年(1567年)更今名(延庆右卫)。"按隆庆右卫治于居庸关北口只有二十七年。

延庆卫 《读史方舆纪要》:"延庆卫,(延庆)州东南四十里居庸关口。本名隆庆卫,建文四年(1402年),燕王置卫于此。

隆庆初改今名。领左、右、中、前、后五千户所。"

延庆左卫《读史方舆纪要》："又有延庆左卫，在居庸关，本名隆庆左卫。永乐二年（1404年）置。宣德五年（1430年）移于永宁县。隆庆初更名。"

永宁卫《读史方舆纪要》："在永宁县治西。永乐十五年（1417年）建。"《明实录》：永乐十四年（1416年）十二月丙子（十九日），"设永宁卫，以统屯戍口北长安岭等处刑徒"。十五年（1417年）七月辛巳（二十八日），"隆庆卫指挥使袁纳言：涩石岭外白河左右、黑峪口川有荒地五百六十余顷，宜分拨永宁卫军士屯种。从之"。可见永宁卫置于永乐十四年末。但《明实录》：洪武十二年（1379年）九月丙辰（二十七日），"置北平永宁卫指挥使司"。又《明史·地理志》：永乐十二年（1414年）三月，于永宁卫城置永宁县。是知永宁卫始置于洪武十二年九月。当取永宁卫置于洪武间之说。

万全左卫《明史·地理志》：洪武二十六年（1393年）二月置，治宣平，属山西行都司。永乐元年（1403年）二月徙治通州，直隶后军都督府。寻还旧治。宣德五年（1430年）改属万全都司。

万全右卫《明史·地理志》：洪武二十六年（1393年）二月置，治宣平，属山西行都司。永乐元年（1403年）二月徙治通州，直隶后军都督府。次年徙治德胜堡（今万全县）。宣德五年（1430年）改属万全都司。

营州左屯卫《明史·地理志》：洪武二十六年（1393年）二月置，属大宁都司。"永乐元年（1403年）三月，徙治顺义县。南有塔山"。按塔山即桃山，故该卫当在今顺义西南境。

营州中屯卫 《明史·地理志》：洪武二十六（1393年）二月置，属大宁都司。"永乐元年（1403年）三月徙治平谷县西，属大宁都司。南有榆（泃）河"。

兴州中屯卫 《明史·地理志》：洪武中置。永乐元年（1403年）二月徙治良乡县。直隶后军都督府。

清

清自世祖顺治元年（1644年）定鼎于燕，至宣统三年（1911年）清帝逊位，共历267年。清代国都北京与地方行政建置多沿明旧制，但也有变化和创新。北京仍称京师，地方行政建置亦为省、府、州、县四级。但州有直隶州与散州之分，直隶州视府，上统于省，下领散州或县。散州视县，上统于府或直隶州，下不领县。此外在新辟地区创设厅。厅亦有直隶厅与散厅之别，直隶厅视府或直隶州，散厅视县或散州。清代除京城及近郊城属地区外，今北京市境分属直隶省顺天府、宣化府和承德府之一部，州县有大兴、宛平、良乡、房山、昌平州、通州、顺义、怀柔、密云、平谷、延庆州及三河县北部、滦平县西南部、独石口厅东南部等。康熙二十七年（1688年），于顺天府设四路同知，分管府辖州县。清代于省、府间又有监察区性质的多种道的建置，与今北京市相关者有通永道、霸昌道、口北道，皆为分巡道。清末推行新政，北京城中出现区的划分。

京师 清代京师专指北京城及城属近郊之地，非如明代之一级政区。但就北京城而言，清承明旧，无大改变。重要变化只是重建被毁宫殿，更改部分城门名称而已。如《清史稿·世祖纪》：

元、明、清时期 / 119

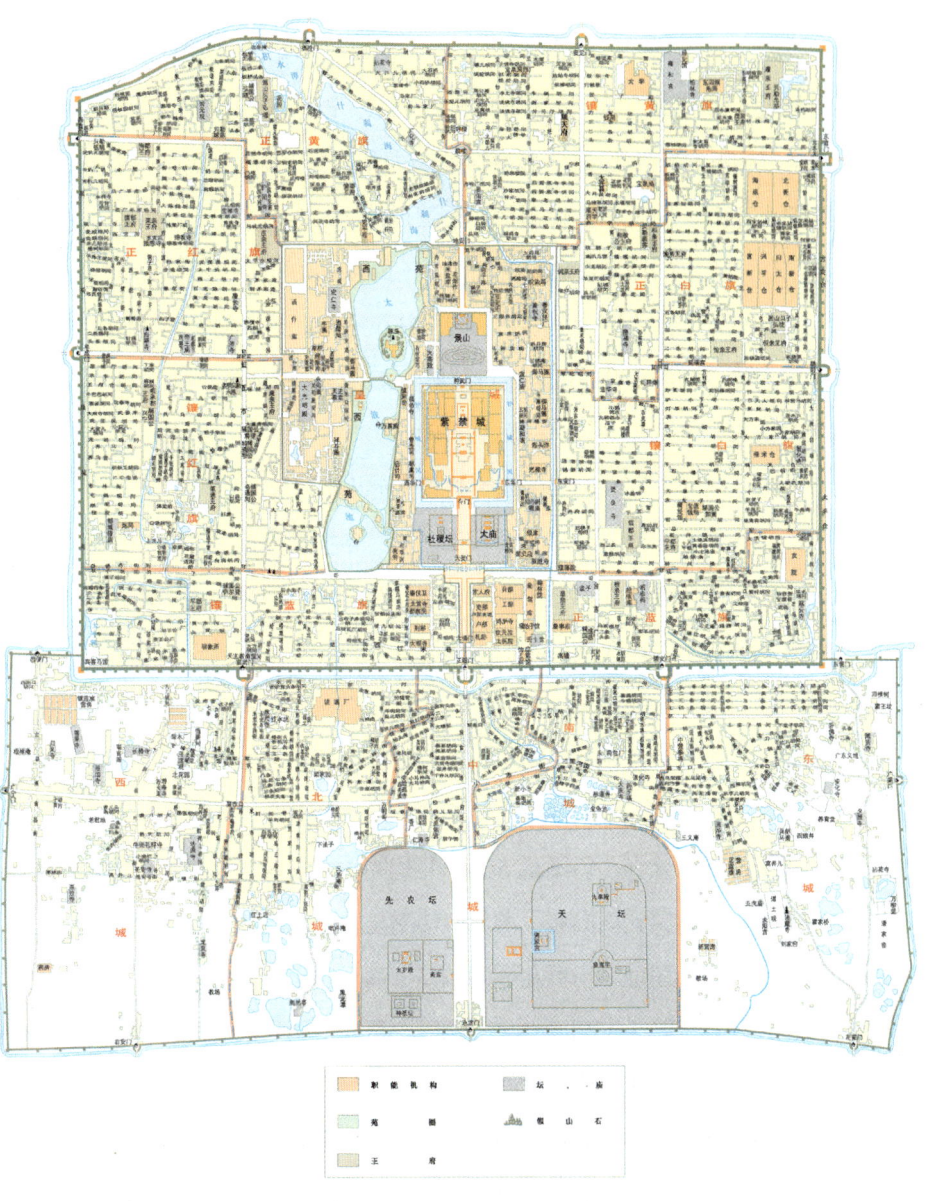

清北京城　乾隆十五年（1750年）

顺治二年（1645年）五月，"复建太和殿、中和殿、位育宫"，并修建乾清宫成。八年（1651年）九月，"改承天门为天安门"。九年（1652年）七月，"名皇城北门为地安门"等。清兵入关、定都北京后，将北京内城汉民尽行迫迁外城，内城全由八旗军驻防。《八旗通志》："镶黄居安定门内，正黄居德胜门内，并在北方；正白居东直门内，镶白居朝阳门内，并在东方；正红居西直门内，镶红居阜成门内，并在西方；正蓝居崇文门内，镶蓝居宣武门内，并在南方。"《八旗通志》：雍正三年（1725年）六月十三日，八旗统领、前锋统领、护军统领等共同议定八旗居址。

镶黄（旗）满洲、蒙古、汉军三旗，各按参领自鼓楼向东至新桥，自新桥大街北口城根向南至府学胡同东口，系与正白旗接界。满洲官兵，自鼓楼向东循大街至经厂，为头参领之十七佐领居址。自经厂循交道口转南至棉花胡同东口，为二参领之十七佐领居址。自南锣鼓巷北口至南口，南锣鼓巷两边之鼓楼院、方砖厂、真武庙、鱼儿胡同、福祥寺、帽儿胡同、炒豆胡同、棉花胡同、兵马司、前圆恩寺、后圆恩寺、局儿胡同，为三参领之十八佐领居址。自交道口大街向东，循新桥转南至香儿胡同东口，为四参领之十七佐领居址。自香儿胡同东口向南至府学胡同、马将军胡同、大兴县、骚达子胡同、土儿胡同、香儿胡同、钱局周围，为五参领之十七佐领居址。蒙古官兵，自交道口大街向北至安定门，为头参领之十四佐领居址。自北锣鼓巷南口至北口，北锣鼓巷两边所有之倒钞胡同、经厂、粉子亭、谢家胡同、伽蓝厂、法通寺、净土寺、豆腐池儿胡同、高古庵、郎家胡同、碾儿胡同，为二参领之十四佐领居址。汉军官兵，自新桥大街向北至方家胡同，为头参领之十佐领居址。自方家胡同向北至城根，为二参领之十一佐领居址。国子监前后、头条胡同、二条胡同、三条胡同、方家胡同、国子监、大沟巷、萧家胡同，此七胡同为三参领之十一佐领居址。柏林寺前所有之鼓哨胡同、草厂、王大人胡同、柏林寺，此四胡同为四参领之十一佐领居址。自北小街南口至城根胡椒圈之周围，手帕胡同、羊馆胡同、针线胡同、宽街，此四胡同为五参领之十佐领居址。

正白（旗）满洲、蒙古、汉军三旗，与镶黄旗接界之处，系自府学胡同东口向南，各按参领，至四牌楼豹房胡同东口。与镶白旗接界之处，由皇城根至东大城根。满洲官兵，自镶黄旗接界处之棉花胡同东口，循大街向南至大佛寺西北角，为头参领之十七佐领居址。自大佛寺西北角向南至豹房胡同西口，为二参领之十六佐领居址。皇城东边所有之宽街、草厂胡同、取灯胡同、晾谷厂、弓弦胡同、双塔胡同，为三参领之十六佐领居址。西大街所有之铁狮子胡同、贾家胡同、汪芝麻胡同、魏家胡同、十景花园、马大人胡同、墙儿胡同、大佛寺胡同、羊尾巴胡同、山老儿胡同、喇叭营，此十一胡同为四参领之十六佐领居址。自马市口向东至四牌楼、隆福寺周围所有之细小胡同，为五参领之十六佐领居址。蒙古官兵，自府学胡同东口循大街至五条胡同，为头参领之十五佐领居址。自五条胡同至四牌楼，为二参领之十四佐领居址。汉军官兵，自新桥大街至东直门，为头参领之十佐领居址。北新仓、海运仓、兴平仓、南新仓、旧泰仓、富新仓，此六仓门相近为二参领之十佐领居址。自东直门南小街北口宋姑娘胡同、口袋胡同、慧照寺、王家胡同、船板胡同、板桥胡同，此六胡同为三参领之十一佐领居址。北新桥大街六条胡同、七条胡同、八条胡同、九条胡同、十条胡同，此五胡同为四参领之九佐领居址。北小街头条胡同、二条胡同、三条胡同、四条胡同、五条胡同，此五胡同为五参领之九佐领居址。

镶白（旗）满洲、蒙古、汉军三旗，与正白旗接界之处，系自豹房胡同向南至单牌楼，与正蓝旗接界之处，由皇城根向东至大城根。满洲官兵，自正白旗接界处，由东长胡同东口循大街向南至院府胡同东口，为头参领之十七佐领居址。自院府胡同东口至长安街牌楼，为二参领之十六佐领居址。东安大街两边所有之翠花胡同、东长胡同、奶子府胡同、烧酒胡同、锡蜡胡同、菜厂胡同、院府胡同、梯子胡同、口袋胡同、理藩院后胡同，此十胡同为三参领之十八佐领居址。自长安街牌楼向东至单牌楼，为四参领之十七佐领居址。自灯市口大街西口至东四牌楼大街向南，两大街之间所有之椿树胡同、乾鱼胡同、西堂子胡同、金银胡同、煤炸胡同、帅府胡同、头条胡同、二条胡同，此八胡同为五参领之十七佐领居址。蒙古官兵，自四牌楼向南循大街至堂子胡同，为头参领之十二佐领居址。自堂子胡同向南至单牌楼，为二参领之十二佐领居址。汉军官兵，自四牌楼向东至小街，为头参领之五佐领居址。自小街至朝阳门，为二参领之四佐领居址。禄米仓周围之哑巴胡同、方家胡同，为三参领之四佐领居址。小街子、史家胡同、干面胡同、小哑巴胡同，此四胡同为四参领之四佐领居址。羊尾巴胡同、堂子胡同、史大人胡同、羊乙宾胡同、总把胡同，此五胡同为五参领之五佐领居址。

正蓝（旗）满洲、蒙古、汉军三旗，与镶白旗接界之处，系自东单牌楼至崇文门，由金水桥向东至大城根。满洲官兵，自镶白旗接界处，由长安牌楼向西，进东长安门至金水桥，为头参领之十六佐领居址。自新街口南口至北口，为二参领十七佐领居址。自宗人府向南、户部周围至中御河桥，为三参领之十七佐领居址。自中御河桥至洪厂胡同北口，为四参领之十七佐领居址。自洪厂胡同口向北至长安牌楼，为五参领之十七佐领居址。蒙古官兵，自单牌楼至崇文门，为头参领之十五佐领居址。自江米巷东口至洪厂胡同，为二参领之十四佐领居址。汉军官兵，自单牌楼观音寺胡同向东至举场西门，为头参领之六佐领居址。自羊肉胡同西口向东至水磨胡同，为二参领之七佐领居址。自裱褙胡同西口至东口，为三参领之五佐领居址。自苏州胡同西口向东至马皮厂北口，为四参领之六佐领居址。自船板胡同西口向东至马皮厂南口，为五参领之七佐领居址。

正黄（旗）满洲、蒙古、汉军三旗，自鼓楼向西至新街口大街北口城根。向南至马状元胡同西口，与正红旗接界。满洲官兵，自鼓楼大街向西。北药王庙南口至大城根，为头参领之十九佐领居址。自北药王庙街南口向西，循大街至八调弯南口，为二参领之十九佐领居址。自八调弯南口循大街至德胜门，转南至德胜桥，为三参领之十八佐领居址。自鼓楼斜街循银锭桥向西，李广桥至德胜桥大街，为四参领之十八佐领居址。自松树街北口至南药王庙，为五参领之十八佐领居址。蒙古官兵，自松树街南口向西至德胜桥，转北至弘善寺胡同西口，为头参领之十二佐领居址。自弘善寺胡同西口至德胜桥，为二参领之十二佐领居址。汉军官兵，自护国寺街至棉花胡同南口、罗圈胡同西口，为头参领之十佐领居址。自西口连棉花胡同、廊房胡同、草厂胡同，为二参领之十佐领居址。自蒋家房东口至西口，为三参领之十一佐领居址。自新街口向北至四条胡同东口，为四参领之十佐领居址。自四条胡同东口至城根及铜井，为五参领之九佐领居址。

正红（旗）满洲、蒙古、汉军三旗，与正黄旗接界之处，系自马状元胡同东口，与镶红旗接界之处，由皇城根向西至大城根。满洲官兵，自西直门曹公观之东至新街口，转南至石老娘胡同东口，为头参领之十二佐领居址。自石老娘胡同东口向南至四牌楼，转东马市东口，为二参领之十六佐领居址。皇城西边所有之马状元胡同、太平仓胡同、毛家湾胡同、红罗厂胡同、拐棒胡同，此五胡同为三参领之十五佐领居址。自四牌楼大街西边所有之驴肉胡同、帅府胡同、报子胡同、臭皮胡同、石老娘胡同，此五胡同为四参领之十二佐领居址。四牌楼大街西边所有之卫衣胡同、太平侯胡同、五王侯胡同、车儿胡同、石碑胡同、宝禅寺、帽儿胡同、宫衣库胡同，此八胡同为五参领之十四佐领居址。蒙古官兵，自西直门大街南边所有之草厂胡同、柳巷胡同、观音寺胡同、陈线胡同、大觉寺胡同，此五胡同为头参领之十一佐领居址。自大觉寺胡同向南，坚厂、翊教寺、祖家街、栅栏胡同、东观音寺胡同、椿树胡同、苦水井，此七胡同为二参领之十一佐领居址。汉军官兵，自阜成门循大街至宫门口,为头参领之四佐领居址。自宫门口向东至马石桥,为二参领之四佐领居址。马石桥北边所有之苏罗卜胡同、回子营,为三参领之四佐领居址。自回子营向北至茶叶胡同、翠花街,为四参领之四佐领居址。自宫门口向北至葡萄园东口,为五参领之三佐领居址。

镶红(旗)满洲、蒙古、汉军三旗,与正红旗接界之处,系自羊肉胡同向南至单牌楼,与镶蓝旗接界之处,由皇城根向西至大城根。满洲官兵,自与正红旗接界处之四牌楼大街,向南至单牌楼,转东至长安街牌楼,为头参领之十三佐领居址。西安门大街南边所有之板厂胡同、廊房胡同、酱房胡同、小酱房胡同、东斜街、细米胡同,此六胡同为二参领之十七佐领居址。自细米胡同向南,馓子胡同、狗尾巴胡同、背阴胡同、太仆寺街、李阁老胡同,此五胡同为三参领之十七佐领居址。自李阁老胡同向南,东夹道、东岳庙、岱北寺、小东岳庙、演象所、官磨房,此六胡同为四参领之十八佐领居址。馓子胡同向南,堂子胡同、石虎胡同、蜈蚣胡同、油房胡同、茶叶胡同、西夹道、正沟胡同,此七胡同为五参领之十七佐领居址。蒙古官兵,以四牌楼大街西边所有之粉子胡同、后泥洼、十八半截、丰盛胡同,此四胡同为头参领之十佐领居址。自丰盛胡同向北之兵马司胡同、燕儿胡同、砖塔胡同、羊肉胡同,此四胡同为二参领之十二佐领居址。汉军官兵,以四牌楼大街西边所有之白庙胡同、半壁街,此二胡同为头参领之二佐领居址。自白庙胡同向北,车子胡同、鱼钱胡同、沈篦子胡同、千张胡同,此四胡同为二参领之六佐领居址。自千张胡同向南，打磨厂、半圈、高井、口袋胡同，此四胡同为三参领之四佐领居址。自口袋胡同向南，施饭寺、皮裤子胡同、东夹道胡同，此三胡同为四参领之六佐领居址。自东夹道胡同向南，白庙胡同、刑部街，此二胡同为五参领之四佐领居址。

镶蓝（旗）满洲、蒙古、汉军三旗，与镶红旗接界之处，系自单牌楼至宣武门，金水桥向西至大城根。满洲官兵，自与镶红旗接界处之长安街牌楼向东，进西长安门至金水桥，为头参领之十八佐领居址。自江米巷向北至长安门大街，中府、左府、四眼井周围，为二参领之十八佐领居址。自河漕沿向东至石碑胡同、文昌阁、拴马庄、马神庙胡同，此四胡同为三参领之十八佐领居址。自狮子口向东，由皮市南口转北至扫帚胡同西口，为四参领之十七佐领居址。自西单牌楼向南，由绒线胡同转东至河漕沿、六部口、抽屉胡同、关帝庙胡同、牛肉弯，此六胡同为五参领之十七佐领居址。蒙古官兵，自宣武门至绒线胡同西口，油房胡同、南拴马庄、翠花胡同、枣树街，此四胡同为头参领之十三佐领居址。中街、半壁街、前细瓦厂、新帘子胡同、旧帘子胡同，此五胡同为二参领之十二佐领居址。汉军官兵，自西单牌楼西边之抱子街东口至西口，为头参领之五个半佐领居址。自手帕胡同东口至西口，为二参领之四佐领居址。自铁匠胡同东口至西口，为三参领之四佐领居址。自石驸马大街东口向西至棕毛胡同，为四参领之五佐领居址。自头发胡同东口向西至臭水河，为五参领之四佐领居址。

《京师坊巷志稿》："镶黄、正黄二旗，前锋参领、侍卫前锋校、前锋等,以地安门为会集处。正白、镶白二旗,以东安门为会集处。正红、镶红二旗,以西安门为会集处。正蓝、镶蓝二旗,以天安门为会集处。其八旗满洲五参领、蒙古二参领下之护军参领、护军校、护军等,各按甲剌(参领),镶黄旗自地安门东至草厂胡同之西,为会集处。正白旗自草厂胡同南至东厂胡同之西,为会集处。镶白旗自东厂胡同南循皇城至口袋胡同之西,为会集处。正蓝旗自口袋胡同南至长安门金水桥,为会集处。正黄旗自地安门西至皇城西北角,为会集处。正红旗自皇城西北角南循皇城至西安门,为会集处。镶红旗自西安门南循皇城至灰厂之东,为会集处。镶蓝旗自灰厂南至长安门金水桥,为会集处。"

清代北京内外城又通划分为五城,每城各辖二坊。《京师坊巷志稿》:东城辖朝阳坊、崇南坊。"凡内城自崇文门街、王府街以东,交道口、北新桥以南;外城自崇文门外三转桥以东,左安门以北",皆隶崇南坊。"凡内城自东大市街以东,东直门街以南""外厢则东便门、朝阳门、东直门外",为朝阳坊分地。西城辖宣南坊、关外坊。"凡内城自瞻云坊(西单牌楼)以西,报子街以北、阜成门街以南;外城自宣武门外大街以南至半截胡同以西",皆隶宣南坊。"凡内城自西大市街以西,阜成门街、护国寺街以北,德胜门街以东(当为西)","外厢则阜成门、西直门、西便门外",为关外坊分地。南城辖正东坊、东南坊。"凡内城东自崇文门街,西至太平湖城根,北至长安街;外城自崇文门外大街,西至打磨厂、萧公堂,北至三里河大街西。南至永定门东、左安门西",皆隶正东坊。东南坊"所属皆外厢,南则永定门、左安门、右安门外,东则广渠门外,西则广宁(安)门外,其分地也"。北城辖灵中坊、日南坊。"凡内城自德胜门街以东,地安桥、兵马司胡同、交道口、东直门街以北""外厢则安定门、德胜门外",皆隶灵中坊。日南坊"所属皆外城,自煤市桥、观音寺前石头胡同、板章胡同以西,宣武门外大街、半截胡同以东",其分地也。中城辖中西坊、中东坊。"凡皇城自地安门以东;内城自东长安街以北,王府街以西,兵马司胡同、地安桥以南;外城自正阳门大街,西至西河沿关帝庙、煤市街、观音寺前石头胡同,南至西珠市口大街,又南至永定门西",皆隶中西坊。"凡皇城自地安门西;内城自长安街以北,西大市街以东,护国寺街、地安桥以南;外城自正阳门大街东至打磨厂、肃公堂、草厂二条胡同、芦草园。南至三里河大街",皆为中东坊分地。

雍正五年(1727年),命五城地界诸犬牙交错者,勘立界碑。十二年(1734年)定设木牌之令。乾隆初,改定街衢宽处建地界石碑,其狭巷仍设木牌。清代北京内城辖于步军统领,外城和关厢则设城官专理,而统由巡城御史监管。清末,迫于国内外形势,部分地区推行新政。《清史稿·德宗纪》:光绪三十一年(1905年)九月,"初置巡警部"。十二月,"置京师内外城巡警总厅"。三十二年(1906年)九月,更定官制,"改巡警部为民政部"(《清史稿·职官志》将巡警部和京师内外城巡警总厅之设记为光绪三十年,即1904年)。此外又设巡警分厅。其中内城有五巡警分厅,外城有四巡警分厅。光绪三十二年(1906年),并内五分厅为中、左、右三厅,外四分厅为左、右二厅。同年,内城划分为二十六区，外城划分为二十区，皆为巡警区。每区置区长，由六品或七品警官充任；区员，由九品警官充任。此乃北京城设区之始。光绪三十四年（1908年），省裁合并内外城巡警区，内城为十三区，分称内左一区至内左五区，内右一区至内右五区，中一区至中三区。外城十区，分称外左一区至外左五区，外右一区至外右五区。宣统元年（1909年），裁内外城巡警分厅，各巡警区由京师内外城巡警总厅统领。二年(1910年)，内外城巡警区又调整为二十区，内外城各有十区。内城分称内左一区至内左四区，内右一区至内右四区，中一区、中二区，共十区，外城如旧。《故都变迁纪略》谓清末北京城共设二十二区，内城十二区，外城十区。内城各区分称内左一区至内左五区，内右一区至内右五区，另加中一区、中二区。清代京师除内外城外，还包括近城四郊，俗谓"城属"。《光绪顺天府志》："大兴县，东除城属八里外，至通州界十二里……南除城属二十四里外，至东安县界七十一里；北除城属一十二里外，至昌平州界二十三里；东南除城属三十七里外，至东安县界五十里；西南除城属二十四里外，至固安县界七十四里。东北除城属十里外，至顺义县界三十五里。"宛平县"西除城属十五里外，至宣化府保安州界一百七十五里；南除城属二十里外……至固安县五十五里；北除城属十八里外，至昌平州界五里……西南除城属十五里外，至良乡县界三十里……西北除城属十五里外，至宣化府怀来县界二百十五里"。可见，清京师"城属"的范围，大致东去八里，西去十五里，南去二十至二十四里，北去十二里至十八里，东南去三十七里，西南去十五里，西北去十五里，东北去十里。这一近郊范围的社会治安及其他民事,归步军统领衙门管辖。

直隶省 本明京师,又称北直隶。《清史稿·地理志》:"顺治初,定鼎京师,为直隶省。"清直隶省省会先在大名,后移真定,又迁保定,与北京无关。但顺天府归直隶省统辖,故略记于此。

附记:顺治初,曾置顺天巡抚,驻遵化,领顺天、永平二府。顺治十八年(1661年)十月"裁顺天巡抚"。

顺天府 清定鼎北京,沿明旧制,于京师仍置顺天府。《清史稿·职官志》:"兼管府尹事大臣,汉大学士、尚书、侍郎内特简。"《清史稿·地理志》:"雍正元年(1723年),复以部院大臣兼管府事,特简,无定员。"《嘉庆重修一统志》谓顺治初,顺天府领州六、县二十二;《光绪顺天府志》谓府领州六、县二十一,皆误。清代顺天府所领州县多有变化。初实领州五、县二十二。顺治十六年(1659年)省漷县入通州,府领州五、县二十一。康熙十五年(1676年)升遵化为州,时领州六、县二十。雍正二年(1724年),割玉田、丰润二县隶永平府,时领州六、县十八。三年(1725年),划武清县属天津州,时领州六、县十七。四年(1726年),武清县还属顺天府,仍领州六、县十八。九年(1731年),升梁城所为宁河县,属顺天府,时领州六、县十九。乾隆八年(1743年)升遵化州为直隶州,割永平府玉田、丰润二县隶之,时顺天府领

清　顺天府　光绪三十四年（1908年）

州五、县十九。《嘉庆重修一统志》所谓顺天府二十四州县即指五州、十九县，为大兴、宛平、良乡、固安、永清、东安、香河、通州、三河、武清、宝坻、宁河、昌平州、顺义、怀柔、密云、涿州、房山、霸州、文安、大城、保定、蓟州、平谷，终清未再改变。其中大兴、宛平、良乡、通州、昌平州、顺义、怀柔、密云、房山、平谷等二州、八县在今北京市境。又三河县北部亦在今北京市境。

大兴县　沿明旧。

宛平县　沿明旧。

良乡县　沿明旧。

通　州　治所沿旧，改散州，无领县。

昌平州　治所沿明旧，改散州，无领县。
顺义县　沿明置，改直属顺天府。
怀柔县　沿明置，改直属顺天府。
密云县　沿旧置，改直属顺天府。
房山县　沿旧置，改直属顺天府。
平谷县　沿旧置，改直属顺天府。

附记：今顺义区大孙各庄镇、张镇、杨镇东部、龙湾屯镇南部，平谷县峪口镇、马昌营镇、马坊镇等，旧属三河县地。

附记：《清史稿·职官志》顺天府："康熙十五年（1676年），始以昌平等十九州、县来隶。"按昌平等十九州县当指昌平州及顺义县、怀柔县、密云县，通州及三河县、武清县、香河县、宝坻县，蓟州，遵化州及玉田县、丰润县，涿州及房山县，霸州及文安县、大城县、保定县。据此说，康熙十五年之前，顺天府只领大兴、宛平、良乡、固安、永清、东安六县。《光绪顺天府志》：雍正六年（1728年），改通州所属之三河、武清、宝坻三县，昌平州所属顺义、怀柔、密云三县，涿州所属房山县，霸州所属文安、大城、保定三县，俱直属顺天府，通、昌平、涿、霸四州皆成散州，无领县；乾隆八年（1743年），平谷县改为顺天府直属，蓟州亦成散州。故《清史稿·地理志》谓"乾隆八年，定为二十四州县隶（顺天）府"。按昌平等十九州县于康熙十五改隶顺天府之说，往昔鲜有考论者，特记于此。

四路同知 《清史稿·地理志》顺天府下：康熙二十七年（1688年），"置四路同知，分辖（顺天府）所属州县"。这四路同知乃指东路厅、西路厅、南路厅、北路厅四路同知，终清不废。职掌辖区捕盗，后兼管钱粮事。

东路厅同知 驻通州，分辖通州、香河、三河、武清、宝坻、宁河、蓟州七州县。

西路厅同知 驻卢沟桥拱极城，分辖大兴、宛平、良乡、涿州、房山五州县。

南路厅同知 驻黄村，分辖固安、永清、东安、霸州、文安、大城、保定七州县。

北路厅同知 驻巩华城，分辖昌平州、顺义、怀柔、密云、平谷五州县。

延庆州 《清史稿·地理志》："旧隶宣府镇，为东路。顺治末，省永宁县入卫。康熙三十二年（1693年）改。乾隆二十六年（1761年），又省延庆卫及所辖五千户所入之。"但这里说得并不清楚。《乾隆延庆州志》："顺治六年（1649年）省永宁县"，"仍存（永宁）卫守备一员，管永宁卫事"。"康熙四年（1665年）谕令宣府并保安、延庆二州隶山西，寻有旨仍隶畿内。三十二年（1693年）三月内奉旨，永宁卫、靖安堡、周四沟、四海冶四处，地方无多，钱粮甚少，应归并附近之延庆州管理"。《嘉庆重修一统志》：延庆州"本朝初属宣府镇，为东路。康熙三十二年属宣化府。乾隆二十六年（1761年），裁延庆卫所辖地并入（延庆）州"。按延庆州属宣化府，州治即今延庆。

滦平县　《清史稿·地理志》：滦平县"明诺音卫。乾隆七年（1742年）置哈喇河厅。四十三年（1778年）改（县）"。旧治哈喇河屯（今滦河镇），后迁今地。今北京市怀柔县北部喇叭沟门、七道河、长哨营、汤河口、宝山寺、崎峰茶、八道河等乡镇及密云县西部番子牌、四合堂、石城等乡，旧属滦平县地。1952年分别划归怀柔、密云二县。

附记：今延庆县东北部花盆、沙梁子、北小川、红旗甸、千家店、珍珠泉等，于清属独石口厅辖地。按独石口厅系雍正十二年（1734年）置，口北三厅之一。

通永道　霸昌道　口北道　明清在省与府之间设置的监察区称"道"，其长官称"道员"，有粮道、河道、分守道、分巡道、兵备道、巡警道、海关道等区分。通永道、霸昌道皆为分巡道。通永道驻通州，管辖顺天府东路厅和永平府、遵化直隶州等所属州县，兼管河务、屯田、海防。霸昌道驻昌平，管辖顺天府北路厅、西路厅、南路厅所属州县。二道于光绪三十年（1904年）省。口北道本清初所置怀隆道，康熙三年（1664年）改名，为整敕兵备道，驻宣化，管辖宣化府和口北三厅（张家口厅、独石口厅、多伦诺尔厅），其中宣化府属之延庆州和独石口厅南端在今北京市境。

中华民国时期

民国以后，随着北京政治地位的变化，行政建置也不断随之调整。民国前期，北京虽仍为北洋政府统治中心，但所辖区域大为缩小，北京也改为京兆。国都南移后，改设为北平特别市，不再领辖县。民国时，北京涉及的行政建置主要是市与区。北京设区始于清末，民国后区的权限与所辖地域有所增大。

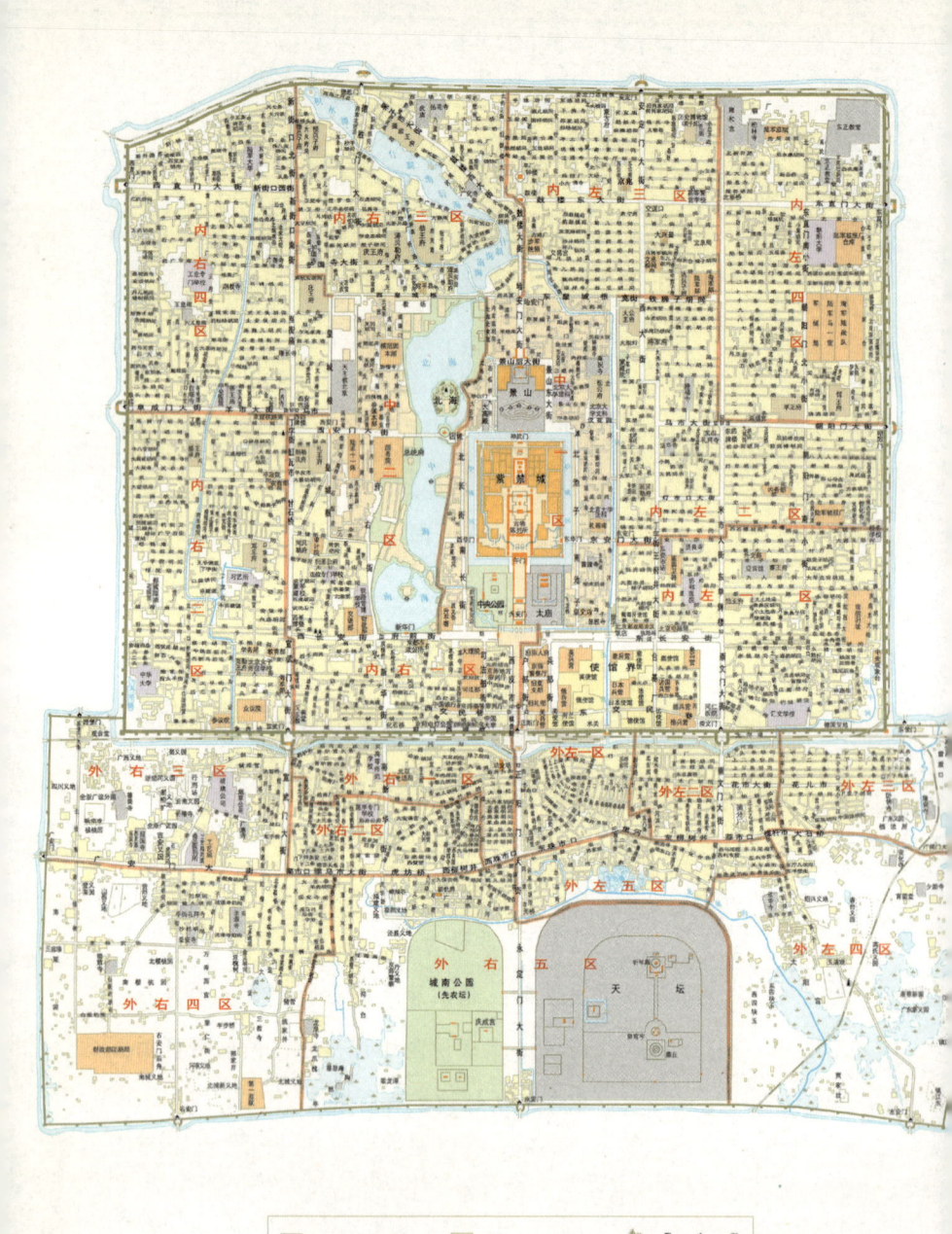

民国北京城　民国六年（1917年）

中华民国

中华民国自 1912 年 1 月 1 日肇始，至 1949 年 10 月 1 日中华人民共和国建立止。其间，经历了北洋军阀政府阶段和南京国民政府两个阶段。北洋军阀政府统治时，北京仍为京师，设京都市政公所，是日后北京建市之基础；又废顺天府，改置京兆特别区域，或称京兆地方，简称京兆、大京兆。又废州称县，通州、昌平州等改为通县、昌平县等。京兆特别区辖二十县，其中大兴、宛平、良乡、房山、通县、顺义、平谷、密云、怀柔、昌平等十县及三河县北部在今北京市境。这一时期的延庆县先属直隶省宣化府，后属直隶省口北道。民国十六年（1927 年），以蒋介石为首的南京国民党政府建立。民国十七年（1928 年）国都南迁。六月，南京国民政府令改北京名北平，设北平特别市，直属国民政府行政院；又改直隶省为河北省，省政府由天津迁北平；废京兆特别区，所属各县皆隶河北省。同年，察哈尔与热河二特别区改置省建制，延庆县属察哈尔省察南道。民国十九年（1930 年），北平特别市降为北平市，改属河北省，省政府迁回天津。民国二十年（1931 年），"九一八事变"爆发，日军侵占我东北三省，蒋介石不准抵抗。两年后，日军又占领热河省，并大举进攻驻守长城沿线的中国军队，为进一步侵略华北作准备。民国二十四年（1935 年）十二月，汉奸殷汝耕在通县成立伪"冀东防共自治政府"，冀东二十二县实行"自治"，其中有通县、顺义、平谷、密云、怀柔、昌平等县。民国二十六年（1937年）七月七日，"卢沟桥事变"爆发，日军全面侵华，中国人民抗日战争开始。至民国三十四年（1945年）八月，北平沦陷期间，先是建立各种伪"维持会"，继而改建伪"北京市政府"、伪"河北省政府"，以及各伪"县政府"。1940年置伪"河北省燕京道署"，辖大兴、宛平、良乡、房山、昌平、怀柔、密云、平谷、顺义、通县等十五县。其间，延庆县属伪"蒙疆联合自治政府"之伪"察南政厅"管辖。抗日战争期间，中国共产党及所领导的八路军先后开辟了平西、冀东、平北抗日根据地，为晋察冀、冀热辽抗日根据地的组成部分，并根据抗日斗争形势需要，建立了一系列抗日民主政权，称联合县，如昌宛联合县、房涞涿联合县、房良联合县、平三蓟联合县、蓟平密联合县、平三密联合县、平密兴联合县、兴滦密联合县、昌滦怀联合县、昌延联合县、龙延怀联合县、怀滦密联合县、昌顺联合县等。这些抗日联合县不断变化，驻地不定。民国三十四年（1945年）八月，日本投降，抗日战争胜利后，南京国民政府又恢复了对北平地区的统治，但中国共产党所领导的解放区也不断扩大。在解放战争时期，北平地区出现了国民党政府统属的省、市、县与中国共产党领导的一些人民民主政权并存的局面。其间最突出的是四海县的设置和乙化县的一度设置。1949年1月31日北平和平解放后，中国共产党和人民解放军成立了北平军事管制委员会和北平市人民政府。前者归中国人民解放军平津战役前线指挥部领导，后者则属华北人民政府管辖。

京师 即北京。《故都变迁纪略》:"民国肇兴,革命政府北移,亦沿称北京。"民国前期,北京仍为国都,称京师。林传甲主编有《大中华京师地理志》。

京都市政公所 《北京市志稿》:"民国三年(1914年)三月,内务总长朱启钤奉大总统令,筹办京都市政事宜,暂就(内务)部署西偏房屋设立京都市政公所。调用部中员司从事筹办。同年六月一日,朱总长就督办职。五年(1916年)九月,以内务次长谢远涵兼任督办,奉令改组,并经内务部准拨西长安街路北旧交通部为所址。"按京都市政公所虽非正式的"市"建制,但为日后北京建市奠定基础。

北平特别市 《北京历史纪年》:民国十七年(1928年)六月二十八日,"国民党南京政府令,直隶改称河北省,北京改名北平,划北平与天津为特别市"。《北京市志稿》:"(民国)十七年七月,何其巩就(任)北京(平)特别市市长,改市政公所为市政府,以西长安街路北前交通部为府址。至二十年四月,市长胡若愚任内,以所属各局散居各地,行政机能诸欠敏活,乃实际(行)合署办公制,遂就府右街集灵囿(兹河北省政府故址)为府址,并令各局悉行迁入,以期联络便利。唯公安局邻近使馆界,具有特殊情形,迄仍其旧。"北平特别市直辖于南京国民政府行政院,领北平城区二十区。《燕都丛考》:"一曰中一区,北由北箭亭顺(北)皇城至西压桥,西至三海东墙,东至皇城外南北河沿,南至天安门。二曰中二区,北由西压桥迤西,至西皇城根,东至三海东墙,南沿皇城,至新华门。三曰内左一区,北自东安门外大街,经金鱼胡同、东西石槽、雅宝胡同,西顺东安门外皇城根至御河桥,折而西至东长安街,折而南至户部街,东至城根,南至崇文门东西城根。四曰内左二区,北由北箭亭至铁狮子胡同,折而南至东四牌楼,转东至朝阳门大街,西至皇城外南北河沿,东至朝阳门以南城根,南至金鱼胡同、干面胡同、禄米仓大街。五曰内左三区,北至安定门城墙,西至旧鼓楼大街、鼓楼大街、地安门外大街,东至北新桥,南至皇城北墙。六曰内左四区,北至安定门东西城根,西至北新桥、东四牌楼,东至东直门城墙。南至朝阳门大街。七曰内右一区,北至太平桥,西由丁字街(即西牌楼)至西单牌楼,东由西安门城根迤南顺皇城折而东,至府右街,南至西长安街。八曰内右二区,北至阜成门大街,西至阜成门迤南城根,东至丁字街、甘石桥、西单牌楼、宣武门,南至宣武门迤西城根。九曰内右三区,北至德胜门东西城根,西至新街口南北大街,东至旧鼓楼大街、鼓楼大街、地安门外大街,南至地安门外迤西城根。十曰内右四区,北至城根,西至西直门城根,东由新街口南北大街折而东,经庄王府北墙外,至西皇城根,南至阜成门大街。十一曰外左一区,北至正阳门,迤南至东珠市口、东柳树井、三里河。十二曰外左二区,北至崇文门迤西城根,西至打磨厂中间新开路、草厂上十条、东八角胡同,东至崇文门外大街,南至三里河。十三曰外左三区,北至崇文门迤东城根,西至南北羊市口、北河漕,东至广渠门迤北城根,南至大石桥、广渠门大街。十四曰外左四区,北至大石桥、广渠门大街,西至标杆胡同、三转桥,折至西,顺东西唐洗帛街,折而南,至磁器口大街,经红桥至天坛东墙外,东至广渠门迤南城根,南至左安门迤西城根。十五曰外左五区,北至东珠市口、东柳树井、三里河,西至天桥,东至标杆胡同、三转桥,折而西,经东西唐洗帛街,折而南,至磁器口大街,南至天坛北墙外。十六曰外右一区,北至正阳门迤西城根,西至宣武门大街,东至正阳门大街,南自西珠市口至煤市街,折而北至杨梅竹斜街,折而西,经琉璃厂至椿树胡同,折而南,经椿树头条,又折而北,经永光寺西街至枣林街。十七曰外右二区,北自枣林街折而南,经永光寺西街折而东,经椿树头条折而南,经椿树胡同、琉璃厂、杨梅竹斜街;西至宣武门外大街,东至煤市街;南至西柳树井、虎坊桥、骡马市大街。十八曰外右三区,北至宣武门迤西城根;西至广安门迤北城根;东至宣武门(外)大街;南至广安门大街。十九曰外右四区,北至广安门大街、骡马市大街;西至广安门迤南城根;东至果子巷、贾家胡同,至南横街折而西,经南堂子胡同、财神庙、龙泉寺西;南至右安门东、西城根。二十曰外右五区,北至骡马市大街、虎坊桥、西柳树井、西珠市口,折而南,经正阳门大街,至天桥折而东,至天坛北墙;西至果子巷、贾家胡同、南堂子胡同、财神庙、龙泉寺;东至天坛东墙;南至永定门东、西城根。"民国十八年(1929年),因公安局裁节经费,将内外城二十区,合并为十一区,即内城六区,外城五区。《燕都丛考》："自中华门以东，顺皇城外至翠花胡同、马市大街、东四牌楼、朝阳门大街以南，为内一区。中华门以西，顺皇城而北，至大酱房胡同折而西，丰盛胡同、武定侯胡同以南，为内二区。安定门大街以东，马市大街、东四牌楼、朝阳门大街以北，为内三区。大酱房胡同、丰盛胡同、武定侯胡同以北，西安门皇城以北，经棉花胡同、罗儿胡同达于积水潭以西，为内四区。安定门大街以西，积水潭以东，地安门皇墙以北，为内五区。皇城以内为内六区。前门大街（以东），东珠市口以北，崇文门大街以西，为外一区。前门大街以西，西珠市口以北，宣武门大街以东，为外二区。崇文门大街以东，外城墙垣以北，为外三区。宣武门大街以西，贾家胡同以南至外城墙垣以北，为外四区。东西珠市口以南，东至天坛东墙外，西至黑窑厂、陶然亭，为外五区。"此外，在近城四郊，又分为东、西、南、北四郊区，亦属北平特别市。因为市域面积所限，许多与城市生活关系密切的设施在市域之外，如自来水源地在孙河镇，发电厂在石景山，丰台为交通枢纽，门头沟为能源基地，或在大兴县内，或属宛平辖地，给北平特别市的管理建设和城市生活造成诸多不便。因此，北平特别市设立不久，即提出重新划定市界问题。1928年8月，提出"以旧城区域为基础，西、南、北三郊酌量展拓"的方案，欲将孙河、马驹桥、南苑、卢沟桥、丰台、黄村、门头沟、大小汤山等地，皆划入北平特别市。经南京国民政府派员与河北省和北平特别市代表会商，该方案未获准允，北平特别市仍"以前市政公所、京师警察厅及步军统领辖区为区域"。以后，省市划界又几经会商，皆未果。1930年改为北平市，归河北省辖。

北平市 《燕都丛考》：民国二十年（1931年）改北平特别市为北平市。《北平旅游指南》：民国十九年（1930年），北平特别市"改称北平直辖市，直隶于国民政府行政院"。《北京历史纪年》：民国十九年七月六日，"北平市改隶河北省政府"。本志取1930年北平特别市改为北平市说。仍领内六、外五、郊四共十五个区。"七七事变"后沦陷，日伪曾恢复"北京"旧名。日本投降后，区划略有调整。内城东至崇文门大街、西至宣武门大街，南至正阳门东西城墙，北至东西长安街，划为内七区。又将原四郊区析分为八个郊区。故1949年前，北平市共辖二十个区。

伪北京特别市 《北京市志稿》：（民国）二十六年（1937年）十月，江朝宗市长任内，"恢复北京旧称，改北平市政府为北京特别市政府。二十七年（1938年）一月一日，奉（伪）临时政府令，改为北京特别市政公署"。抗战胜利后，仍称北平市。

河北省 原为直隶省。民国十七年（1928年）六月，南北统一，国都南迁，以"直隶省名称不洽，遂改名河北省"。同年十月，省政府由天津迁北平。同时废京兆，属县改隶河北省，即大兴、宛平、良乡、房山、通县、昌平、顺义、怀柔、密云、平谷等县皆成为河北省属县。同年十二月，以口北道属十县划归察哈尔省（1928年察哈尔特别区改为省建置），延庆为其一。民国十九年（1930年）十月，省政府迁返天津。转年六月，省政府又迁驻保定。

蓟密行政督察专员区 民国二十二年（1933年）春，日本侵略军占领热河省（1928年改热河特别区为省建制）后，大举进攻驻守河北省东北部长城沿线的中国国民党军队。蒋介石不准抵抗，派代表熊斌与日本侵略军代表冈村宁次在塘沽签订停战协定，史称《塘沽协定》。《塘沽协定》签订后，中国军队被迫退至延庆、昌平、顺义、通县、香河、宝坻一线以南，以北至长城间成为所谓"非武装区"，实为日军侵略华北敞开了大门。在这种形势下，于河北省东北部设置滦榆、蓟密二行政督察专员区，派专员管理这一地区。其中蓟密行政督察专员区分管十县，内有密云、通县、三河、顺义、怀柔、平谷等县全部或部分在今北京市境。蓟密行政督察专员驻通县。1935年11月，蓟密行政督察专员区分管诸县归伪"冀东防共自治委员会"管辖。

伪"冀东防共自治政府" 1935年11月25日，汉奸殷汝耕在日本侵略军的指使下，于通县成立伪"冀东防共自治委员会"。同年12月25日，改为伪"冀东防共自治政府"，管辖原河北省滦榆、蓟密二行政督察专员区所管冀东十八县，其中包括密云、怀柔、顺义、通县、平谷、昌平等县。1938年春，伪"冀东防共自治政府"与在北平成立的伪"中华民国临时政府"合流。

宛平专员区 1936—1937年春，即"卢沟桥事变"发生前夕，河北省政府陆续设置十个行政专员区，宛平专员区为其一，设立于 1936 年 12 月。本应领宛平、大兴、通县、昌平四县，但因通县、昌平属伪"冀东防共自治政府"管辖，故宛平专员区实管宛平、大兴二县。1937 年 3 月，改为河北省第三行政督察专员区。

第三行政督察专员区 1937 年 3 月，河北省政府将全省划分为十七个行政督察专员区，并以次第称名。其中第三行政督察专员区管辖宛平、大兴二县，专员驻宛平县（即卢沟桥宛平城）。时良乡、房山二县属第二行政督察专员区（驻涿县）管辖。该建置为时数月而废止。

伪"北平地方维持会" 1937 年"七七事变"发生后不久，北平沦陷。日本侵略军为了巩固对北平的占领，便搜罗汉奸和亲日政客建立为己所用的傀儡政权。1937 年 8 月 4 日，伪"北平地方维持会"宣告成立，汉奸江朝宗出任会长，暂在中南海丰泽园办公。此后，北京附近各县各镇纷纷成立伪"维持会"，如"大兴县地方维持会"（在南苑北大红门办公）、"宛平县地方维持会"（在广安门外财神庙办公）、"门头沟地方维持会"、"良乡地方维持会"，以及在南苑、黄村、丰台、采育、长辛店、北臧村、清河、衙门口、狼垡等村镇，都成立了伪"维持会"，负责办理各地临时"支应救济"及"维持治安"等事宜。同年 8 月，伪"河北省地方维持会联合会"成立，吸纳各地方伪"维持会"，统管于伪"北平地方维持会"。1937 年 11 月，伪"北平地方维持会"下另设伪"地方行政委员会",接管伪"河北省地方维持会联合会",以处理一切地方行政事务,各村镇"维持会"亦渐次消散,仅存各县伪"维持会",由伪"北平地方维持会"委定各伪"县长"执行县政。当时,伪"北平地方维持会"号称管辖十九县,大兴、宛平、良乡、房山等皆列其中。1938年初,伪"北平地方维持会"所管各县皆由伪"河北省公署"接收管理。时伪"大兴县"署迁于南苑万字镇,伪"宛平县"署由广外财神庙迁还卢沟桥,伪"良乡县"署和伪"房山县"署仍沿旧治。

伪"中华民国临时政府" 1937年12月14日,在日本侵略者的一手策划下,于北平成立伪"中华民国临时政府",是华北地区最高伪政府,其施政机关为"行政委员会",由汉奸王克敏任委员长。伪"中华民国临时政府"一成立,日本政府立即承认,并企图进一步加强和扩大这个伪"政权",以取代南京国民党政府。伪"中华民国临时政府"成立不久,伪"北平地方维持会"解散,伪"冀东防共自治政府"亦并入,伪"临时政府"成为日本帝国主义控制华北的主要工具。伪"北平市"、伪"天津市"、伪"河北省"等皆统辖于伪"临时政府"之下。1939年2月15日之后,大兴、宛平、通县直辖于伪"临时政府"。1940年3月底,以大汉奸汪精卫为首的"汪伪政府"在南京粉墨登场,北平的伪"中华民国临时政府"被撤销,改为伪"华北政务委员会"。

伪"华北政务委员会" 原为伪"中国民国临时政府"。1940

年3月,"汪伪政府"在南京成立后,北平的伪"中华民国临时政府"撤除,改为伪"华北政务委员会",汉奸王揖唐接替汉奸王克敏出任伪"华北政务委员会"委员长。伪"华北政务委员会"是日本侵略者控制华北的新工具。

伪"燕京道" 1938年初,伪"河北省公署"在天津成立。同年春夏间,伪"河北省"划分为伪津海、冀东、保定、冀南四道。其中,伪"津海道"辖县中有大兴、宛平、良乡、房山;伪"冀东道"辖县中有通县、昌平、顺义、怀柔、密云、平谷。同年7月,将伪"津海道"与伪"冀东道"所辖部分县析出,设立伪"燕京道",辖大兴、宛平、通县、良乡、房山、昌平、顺义、怀柔、密云、平谷、三河、香河、蓟县、涿县、固安等十五县。1945年8月,日本投降后废。

大兴县 沿前代旧置。民国初年仍属顺天府。民国三年(1914年)改属京兆。十七年(1928年)改属河北省。同年有将大兴县政府由北平城内迁往黄村之议,未果,直至二十四年(1935年)三月,大兴县政府才外迁于北大红门。二十五年(1936年)属河北省宛平行政督察专员区。二十六年(1937年)春又改属河北省第三行政督察专员区。"七七事变"后,成立伪"大兴县地方维持会",旋改伪"大兴县",并迁治南苑万字镇。1940年属伪河北省"燕京道"。抗战胜利后,国民党大兴县政府仍驻南苑镇。同时,中国共产党领导下的中共大兴县委和县人民政府进驻礼贤镇。民国三十七年（1948年）底，中共大兴县人民政府迁驻安定小营。转年春再迁青云店。

宛平县　前代旧置。民国初年仍属顺天府。三年（1914年）改属京兆。十七年（1928年）废京兆，改隶河北省。十八年（1929年）春，宛平县治由北平城外迁卢沟桥拱极城。"七七事变"后不久，县治迫迁于广安门外财神庙，同年十月迁回卢沟桥故治，十一月底又迁治长辛店。抗日战争和解放战争期间，中国共产党领导的宛平县抗日民主政府驻斋堂、上清水、白虎涧等地。解放战争时期，中国共产党领导的宛平县人民民主政府曾驻桑峪、大台等地。

良乡县　前代旧置。民国初仍属顺天府。三年（1914年），改属京兆。十七年（1928年）改属河北省。县治在良乡城。抗日战争时期，中国共产党领导的房良联合县，曾驻长操、下石堡、堂上、十渡等地。解放战争期间，中国共产党领导的良乡县人民民主政府曾驻河北、大安山、磁家务等地。中华人民共和国成立后驻良乡。

房山县　前代旧置。民国初仍属顺天府。三年（1914年）改属京兆。十七年（1928年）后改属河北省。县治即房山城。抗日战争期间，中国共产党领导下的房涞涿联合县曾驻平峪、西庄、十渡、六渡、霞云岭等地。解放战争期间，中国共产党领导的房山县人民民主政府曾驻十渡、霞云岭、张坊、南窖等地。解放后治房山城。

通县 前代通州。民国二年（1913年）废州称县，改名通县。民国初仍属顺天府。三年（1914年）改属京兆。十七年（1928年）改隶河北省。县治即通州城。二十四年（1935年），汉奸殷汝耕组建伪"冀东防共自治政府"，驻通县。

平谷县 前代旧置。民国初仍属顺天府。三年（1914年）改属京兆。十七年（1928年）改隶河北省。县治即平谷城。1935年后，曾一度属伪"冀东防共自治政府"管辖。抗日战争期间，在镇罗营等地成立中国共产党领导的密平蓟联合县等。

顺义县 前代旧置。民国初仍属顺天府。三年（1914年）改属京兆。十七年（1928年）改隶河北省。县治在顺义城。1935年后，曾一度属伪"冀东防共自治政府"管辖。

昌平县 原昌平州。民国二年（1913年）废州称县，改名昌平县，仍属顺天府。三年（1914年）改属京兆。十七年（1928年）改隶河北省。县治即昌平城。1935年后，曾一度属伪"冀东防共自治政府"管辖。抗日战争期间，在中国共产党领导下，曾建立多个联合县即抗日民主政权。1949年上半年，县属察哈尔省南口专署。

怀柔县　前代旧置。民国初仍属顺天府。三年（1914年）改属京兆。十七年（1928年）改隶河北省。县治即怀柔城。1935年后，曾一度属伪"冀东防共自治政府"管辖。

密云县　前代旧置。民国初仍属顺天府。三年（1914年）改属京兆。十七年（1928年）改隶河北省。县治即密云城。1935年后，一度属伪"冀东防共自治政府"管辖。抗日战争期间，在中国共产党领导下，曾把县境内外建立的多个抗日民主政权组建成联合县。抗战胜利后，以潮河为界，西部设乙化县，以纪念在抗日战争中于鹿皮关牺牲的八路军十团团长白乙化烈士，后撤销。东部则仍为密云县。

延庆县　民国初始属直隶省宣化府。三年（1914年）属直隶省口北道。十七年（1928年）六月，改属察哈尔省察南道。二十二年（1933年）七月，属伪"蒙疆政府联合委员会"之伪"察南自治政府"管辖。二十八年（1939年）九月，改属伪"蒙疆联合自治政府"之察南政厅（或宣化省）管辖。三十四年（1945年）八月，日本投降后，仍为察哈尔省属县。

平西抗日根据地　1938年3月，八路军邓华支队挺进平西，攻克门头沟等敌伪据点，摧毁地方伪政权，开辟涉及宛平、良乡、房山、昌平四县境的平西抗日根据地，建立昌宛、房良、房良涿等抗日联合县，发动、组织和领导人民进行抗日斗争。平西抗日根据地是晋察冀抗日根据地的组成部分。昌宛、房良、房良涿等抗日联合县属晋察冀边区政府统辖。

冀东抗日根据地 1938年5月，平西抗日根据地的八路军邓华支队奉命与八路军一二〇师宋时轮部合编为八路军挺进纵队，由平西插入冀东，配合约有二十万人参加的冀东人民抗日大起义，开辟冀东抗日根据地，建立平三密、蓟平密、平三蓟、平密兴、兴滦密等二十五个抗日联合县，发动、组织和领导冀东人民的抗日斗争。冀东抗日根据地是冀热辽抗日根据地的组成部分，属冀热辽边区政府统辖。

平北抗日根据地 1938年5月，八路军宋时轮、邓华纵队挺进冀东时，留下第三十六大队在平北长城内外开展抗日游击战争，活动在昌平、延庆、怀柔、密云、滦平等县山区，建立昌滦怀临时抗日联合政府，同日伪军进行艰苦卓绝的斗争。因为敌人的疯狂进攻，八路军第三十六大队随宋、邓纵队主力西撤，已开辟的平北抗日根据地受挫。1939年春，宋、邓挺进纵队第三十四大队奉命进入昌平十三陵地区，开辟新的抗日根据地，坚持斗争一段时间。同年11月，宋、邓挺进纵队再次派出力量进入平北山区，开展抗日游击战争，建立抗日根据地。1940年春，在白河两岸、黑河以西、延庆以北山区，创建六处抗日根据地。后来，挺进军又派主力十团进入平北，先后建立平北工委和平北军分区等机构，平北抗日根据地得到进一步发展和巩固。八路军先后在平北抗日根据地建立了昌滦怀、昌延、龙延怀、丰滦密、怀滦密、滦昌怀顺、昌顺等抗日联合县，发动、组织和领导平北人民进行抗日斗争。平北抗日根据地为晋察冀抗日根据地的组成部分，各抗日联合县属晋察冀边区政府统辖。

平西专署 抗日战争期间，中国共产党于平西抗日根据地建立的行政领导机构，创建于1939年冬，上统于晋察冀边区政府，下管领昌宛、房良、房涞涿、宣涿怀等抗日联合县。平西专署驻地为斋堂。

平北专署 抗日战争期间，中国共产党于平北抗日根据地建立的行政机构，1940年创建，上统于晋察冀边区政府，下管领昌延、龙延怀、丰滦密、怀滦密、滦昌怀顺、昌顺、昌滦怀、龙赤、龙崇赤等抗日联合县。平北专署驻地为大海坨山中海沟村。

四海县 1947年冀热察解放区设置的县，辖境相当于今延庆县东部和怀柔县北部山区。以境内四海冶村命名。县政府曾驻四海冶、宝山寺、汤河口等地。原属冀热察解放区，1949年初恢复察哈尔省建制后，为察哈尔省属县。1949年10月1日中华人民共和国建立后，撤销四海县，辖区划分给延庆、滦平二县。

乙化县 1945年8月抗日战争胜利后，为了纪念抗战中在密云县西境鹿皮关英勇牺牲的原八路军宋时轮、邓华挺进纵队的主力十团团长白乙化烈士,将密云县潮河以西地区划出,设立乙化县。潮河以东仍为密云县。1949年撤销,并入密云县。

华北人民政府 随着解放战争形势的顺利发展,华北解放区不断扩大。1948年9月20日,华北人民政府在石门市正式成立,董必武任主席。原晋察冀边区行政委员会和晋冀鲁豫边区政府随之撤销。1948年底,华北人民政府辖七行政公署、三直辖市、三十四专署、七专级市、二百六十县、十六县级市。其中与今北京市有关的行政区为:房山、良乡、宛平、昌宛四县为北岳行政公署之三专署管辖;宛良、大兴二县为冀中行政公署之十专署管辖。1949年2月20日,华北人民政府由石门市迁驻北平。之后,所辖各级行政建置又有变化,为一省、六行政公署、四直辖市、三十八专署、四专级市、二百九十二县、十四县级市、四十六直辖市辖区。北平市为直辖市,大兴、宛平、良乡、房山、昌平、延庆、怀柔、密云、平谷、顺义、通县等皆为属县。此前,通县、顺义、平谷、怀柔、密云、乙化、四海、延庆等县,曾属东北行政委员会管辖。

北平军事管制委员会 1948年12月上旬至1949年1月,中国人民解放军东北野战军与华北野战军第二、三兵团密切配合,同国民党"华北剿总"司令傅作义指挥的五十多万国民党军队进行了著名的平津战役。1949年1月31日,北平和平解放。根据形势需要,中国人民解放军平津战役前线指挥部遵照中央军委指示，于1949年1月1日正式成立北平军事管制委员会，叶剑英任主任，谭政任副主任，下设警备司令部和防空司令部，北平市政府、物资接管委员会、文化接管委员会、秘书处等机构。1949年2月2日，北平军事管制委员会入城办公，开始全面接管北平市的工作。北平军事管制委员会管辖范围：东至通县，南至黄村，西南至长辛店，西北至香山，北至沙河、小汤山。在这一地域范围内，分设西南区军管分会，驻长辛店；西北区军管分会，驻青龙桥；东南区军管分会，驻黄村；东北区军管分会，驻通县；丰台区军管分会，驻丰台。

北平市人民政府 1949年1月1日，奉华北人民政府令，正式成立北平市人民政府，叶剑英任市长，徐冰任副市长。北平市人民政府为北平军事管制委员会下属机构之一，负责管理北平市解放后的全市民政、公安、司法、交通、卫生、消防等市政建设及工农商学各业，又管理北平市财务、金融以及外国侨民等事项。同年1月31日，北平和平解放。2月2日，北平市人民政府正式入城办公。北平市和平解放之初，全市划设为三十二个区，即内城七区、外城五区、近郊八区及新设的十二个区。同年6月，经华北人民政府批准，调整为二十八个区，按序号分称第一区至第二十八区。7月，又进一步调整，东郊原十四区并入十三区，南郊原十五区和二十三区合并为十四区，西南郊原十六区南部和二十五区合并为十五区，西郊原十七区、十八区及十六区北部合并为十六区，北郊原十九区和二十区合并为十七区，西南郊原二十六区改为十八区，西郊原二十七区改为十九区，西郊原二十八区改为二十区，南郊原二十四区划归大兴县。从而形成北平市领二十个区的建制。8月，华北人民政府再次调整华北解放区行政区划，至1949年9月，北平市城区、郊区仍为二十个区。今北京市界内辖域的通县（驻张家湾）、大兴（驻青云店）、良乡、房山、宛平（驻大台）、昌平、顺义、怀柔、密云、平谷以及通州镇，皆属河北省通县专区，通县专区机关驻通州镇。延庆、四海二县属察哈尔省察南专区，察南专区机关驻宣化。1949年9月下旬，中国人民政治协商会议决定改北平为北京，北平市遂改称为北京市，定为中华人民共和国首都。

中华人民共和国时期

1949年以后,北京成为中华人民共和国的首都,为全国的政治中心与文化中心,由中央直辖。北京的行政建置实行市、区县二级建置,区作为行政建置,其地位高于县。

中华人民共和国

中华人民共和国自 1949 年 10 月 1 日建立后，包括北京市在内的行政建置和区划复杂多变。建国之初，北京市直属中央人民政府，市辖二十个区。时大兴、宛平、良乡、房山、通县、顺义、平谷、密云、怀柔、昌平等县，皆为河北省属县。延庆、四海二县则属察哈尔省。河北省、察哈尔省也直属中央。此外，时属东北行政区热河省的滦平县西南隅，也在今北京市境。

1950 年 11 月 12 日，设立中央人民政府华北事务部（1950 年 9 月 5 日中央人民政府委员会第 9 次会议决定），驻北京市。此后，北京市仍为中央直辖市，而河北省、察哈尔省改属华北事务部。同年 4 月 18 日，中央人民政府政务院批准北京市辖区由二十个区调整合并为十六个区。

1952 年 4 月 18 日，中央人民政府委员会第 14 次会议决定，撤销华北事务部，设立中央人民政府政务院华北行政委员会；撤销察哈尔省，其行政区域分别划归河北、山西二省。此后，河北省改属华北行政委员会。同年 6 月，北京市辖区调整为十三个，并更改区名。同年 7 月 23 日经华北行政委员会批准，将河北宛平县及房山、良乡二县的部分行政区域划归北京市。9 月，华北行政委员会批准，撤销宛平县和门头沟区，设立京西矿区，以宛平县、门头沟区及河北省房山、良乡二县划归北京市的部分行政区域为京西矿区辖域。1954年，撤销华北行政委员会，河北省改为直属中央。

1955年，第一届全国人民代表大会第二次会议于7月30日决定，撤销热河省，其行政区域分别划归河北、辽宁二省和内蒙古自治区。

1956年3月9日经国务院批准，将河北省昌平县（高丽营除外）划归北京市，改设昌平区；又将河北省通县所属金盏、孙河、上新堡、崔各庄、长店、前苇沟、北皋七个乡划归北京市东郊区。

1957年9月30日和12月4日，国务院批准，将河北省大兴县的新建乡和河北省顺义县内中央机场区和进场公路，先后划归北京市。

1958年3月7日国务院批准，将河北省通县、顺义、大兴、良乡、房山五县及通州市划归北京市。同年4月8日国务院批准，撤销前门区，其行政区域分别并入崇文、宣武二区。5月3日国务院批准，撤销石景山区，其行政区域并入丰台、海淀、门头沟区；撤销东单区、东四区，合并设立东城区；撤销西单区、西四区，合并设立西城区；东郊区改名为朝阳区，京西矿区改名门头沟区。5月29日国务院批准，撤销通县和通州市，合并设立通州区；撤销房山县和良乡县，合并设立周口店区；撤销大兴县和南苑区，合并设立大兴区；撤销顺义县，设立顺义区。10月20日国务院批准，将河北省平谷、密云、怀柔、延庆四县划归北京市。至此，北京市辖有东城、西城、崇文、宣武、朝阳、丰台、海淀、门头沟、通州、大兴、周口店、昌平、顺义等十三个区和平谷、密云、怀柔、延庆四县，形成了北京市现有行政区域范围和轮廓。

1960年1月7日经国务院批准，撤销昌平、通州、顺义、大兴、周口店五个区，恢复昌平县、通县、顺义县、大兴县、房山县五县建制，时北京市辖八区九县。

1963年6月5日北京市人民委员会批准设立石景山办事处（区级），以丰台区部分行政区域为石景山办事处行政区域。

1967年8月7日北京市革命委员会批准，撤销石景山办事处，设立石景山区，北京市辖区增至九个，辖县如前。

1974年8月1日北京市革命委员会批准，设立石油化工区办事处（区级），以房山县部分行政区域为石油化工区办事处行政区域。

1980年10月20日国务院批准，设立燕山区，同时撤销石油化工区办事处，燕山区行政区域即原石油化工区办事处行政区域。北京市又增加一个区，共辖十区九县。

1986年11月11日国务院批准，同时撤销房山县和燕山区，合并设立房山区，北京市辖十区八县。

1997年4月29日，通县升为通州区。

1998年3月3日，顺义县升为顺义区。

1999年9月16日，昌平县升为昌平区。

2001年1月9日，大兴县升改大兴区。

2002年4月17日，怀柔县升改怀柔区。同年4月18日，平谷县升改平谷区。北京市辖东城、西城、崇文、宣武、朝阳、丰台、海淀、石景山、门头沟、房山、通州、顺义、昌平、大兴、怀柔、平谷共十六个区，另有密云、延庆二县。

2010年7月，国务院批准撤销北京市东城区、崇文区，设立新的北京市东城区；撤销北京市西城区、宣武区，设立新的北京市西城区。北京市辖十四区二县。

2015年11月17日，国务院批准撤销密云县、延庆县，设立密云区、延庆区。至此，北京市辖东城、西城、朝阳、海淀、丰台、石景山、门头沟、昌平、通州、顺义、房山、大兴、怀柔、平谷、密云、延庆十六个区。

兹将中华人民共和国建立后，与北京市有关的行政建置分述如下。

北京市　1949年9月27日，中国人民政治协商会议第一次全体会议决定，北平市改名北京市，定为中华人民共和国首都。北京市直属中央人民政府。当时，北京市辖二十个区，分称第一区至第二十区。其中内城七个区，外城五个区，四郊八个区。

1950年5月26日，北京市人民政府报经中央人民政府政务院批准，将北京内外城十二个区合并调整为九个区，分称第一区至第九区，自6月1日起执行。6月7日，北京市人民政府又决定将郊区第十五区（丰台）与第十八区（长辛店）合并，称第十五区，从6月15日起执行。上述北京市的行政区划调整，是对中央人民政府政务院于1950年4月18日决定的具体落实。结果北京市辖区减少四个，变为十六个区。第一区为内城东南部，第二区为内城西南部，第三区为内城东北部，第四区为内城西北部，第五区为内城中部，第六区为外城中北部，第七区为外城东部，第八区为外城西部，第九区为外城中南部；第十区东郊（朝外），第十一区南郊（南苑），第十二区西南郊（丰台），第十三区西北郊（海淀），第十四区北郊（德外），第十五区西郊（石景山），第十六区西郊（门头沟）。同年10月9日，将河北省昌平县黑龙潭划归北京市。

1952年6月20日北京市人民政府批准，撤销第五区，其行政区域分别并入第一、二、三、四区；撤销第九区，其行政区域分别并入第七、八区；撤销第十四区，其行政区域分别并入第十、十三区。同时，第一区更名东单区，第二区更名西单区，第三区更名东四区，第四区更名西四区，第六区更名前门区，第七区更名崇文区，第八区更名宣武区，第十区更名东郊区，第十一区更名南苑区，第十二区更名丰台区，第十三区更名海淀区，第十五区更名石景山区，第十六区更名门头沟区。同年7月23日华北行政委员会决定，将河北省宛平县及房山、良乡二县的部分行政区域划归北京市。9月，撤销宛平县和门头沟区，新设立京西矿区，以原宛平县、门头沟区及从房山、良乡县划入北京市的行政区域为京西矿区行政区域。时北京市仍辖十六个区。

1955年6月23日北京市人民委员会报经国务院批准，将朝阳门关厢、东便门关厢，划归东单区；广渠门关厢、福州义园北墙外土道以北，划归崇文区；东直门关厢划归东四区；马甸村南土路以南、什方院村东土路以西、德清公路以东，划归西四区。

1956年3月9日国务院批准，将河北省昌平县（高丽营除外）

划归北京市，改设昌平区。又将河北省通县所属金盏、孙河、上新堡、崔各庄、长店、前苇沟、北皋七个乡划归北京市东郊区。

1957年9月30日国务院批准，将河北省大兴县新建乡划归北京市南苑区。12月4日经国务院批准，又将河北省顺义县境的中央机场区和进机场公路划归北京市管辖。

1958年3月7日国务院批准，将河北省通县、顺义县、大兴县、良乡县、房山县及通州市划归北京市。4月7日办理交割手续。4月8日，国务院批准，撤销前门区，其行政区域分别并入崇文和宣武区。5月3日，撤销石景山区，其行政区域并入丰台、海淀、门头沟区。撤销东单、东四区，合并设立东城区。撤销西单、西四区，合并设立西城区。东郊区更名朝阳区，京西矿区更名门头沟区。5月29日国务院批准，撤销通县和通州市，合并设立通州区；撤销大兴县和南苑区，合并设立大兴区；撤销房山县和良乡县，合并设立周口店区；撤销顺义县，设立顺义区。同年10月20日国务院批准，将河北省平谷、密云、怀柔、延庆四县划归北京市辖属。至此，北京市辖有东城、西城、崇文、宣武、朝阳、丰台、海淀、门头沟、周口店、大兴、通州、顺义、昌平十三个区和平谷、密云、怀柔、延庆四个县，共十七个区县，总面积达16 800平方公里，确定了今北京市的行政区域范围和轮廓界线。因此，在中华人民共和国建立后的北京市行政建置和区划沿革上，1958年是极其重要的一年。

1960年1月7日国务院批准，撤销昌平区、通州区、大兴区、顺义区、周口店区，恢复昌平县、通县、大兴县、顺义县、房山县建制，北京市辖八区九县。

1963年6月3日，北京市人民委员会批准，设立石景山办事处（区级），以丰台区部分行政区域为石景山办事处的行政区域。

1967年8月7日，北京市革命委员会批准，撤销石景山办事处，改设石景山区。北京市辖九区九县。

1974年8月1日北京市革命委员会批准，设石油化工区办事处（区级），以房山县部分行政区域为石油化工区的行政区域。

1980年10月20日国务院批准，撤销石油化工区办事处，设立燕山区，将房山县周口店公社和城关公社部分地区划归燕山区管辖。北京市辖十区九县。

1986年11月11日国务院批准，撤销房山县和燕山区，合并设立房山区。时北京市辖十区八县。

1997年4月29日，撤销通县建置，改设通州区；1998年3月3日，撤销顺义县建置，改设顺义区；1999年9月16日，撤销昌平县建置，改设昌平区；2001年1月9日，撤销大兴县建置，改设大兴区；2002年4月17日，撤销怀柔县建置，改设怀柔区；同年4月18日，撤销平谷县建置，改设平谷区。至此，北京市辖十六区、二县，即东城区、西城区、崇文区、宣武区、朝阳区、丰台区、海淀区、石景山区、门头沟区、房山区、通州区、顺义区、昌平区、大兴区、怀柔区、平谷区和密云县、延庆县。

2010年7月，国务院批准撤销北京市东城区、崇文区，设立新的北京市东城区；撤销北京市西城区、宣武区，设立新的北京市西城区。北京市辖十四区、二县，即东城区、西城区、朝阳区、丰台区、海淀区、石景山区、门头沟区、房山区、通州区、顺义区、昌平区、大兴区、怀柔区、平谷区和密云县、延庆县。

2015年11月17日，国务院批准撤销密云县、延庆县，设立密云区、延庆区。至此，北京市辖东城、西城、朝阳、海淀、丰台、石景山、门头沟、昌平、通州、顺义、房山、大兴、怀柔、平谷、密云、延庆十六个区。

华北事务部　1950年9月5日中央人民政府委员会第九次会议决定后，于1950年11月12日设立中央人民政府华北事务部，驻北京市。管辖河北省、山西省、平原省、察哈尔省、绥远省、内蒙古自治区。管辖区域内的北京市、天津市为中央直辖市。1952年4月18日中央人民政府委员会第14次会议决定，撤销中央人民政府华北事务部，设立中央人民政府政务院华北行政委员会。

华北行政委员会　1952年4月18日，中央人民政府委员会第14次会议决定撤销原中央人民政府华北事务部，改设中央人民政府政务院华北行政委员会，即华北区，驻北京市，辖河北省、山西省、绥远省、内蒙古自治区。辖区内的北京市、天津市为中央直辖市。1954年6月19日于中央人民政府委员会第32次会议上决定，撤销华北行政委员会，所辖省、自治区归中央人民政府直辖。

通县专区 1949年8月1日,河北省人民政府在保定市成立,辖十个专区,通县专区为其一。通县专区驻通州镇,辖通县(驻张家湾)、顺义、密云、怀柔、昌平、大兴(驻青云店)、宛平(驻大台)、良乡、房山、蓟县、香河、三河、平谷等十三县和通州镇。1952年7月23日华北行政委员会批准,宛平县划归北京市。1953年11月6日,撤销通州镇,改设通州市(县级),由通县专区代管,为专区驻地。1954年4月24日经中央人民政府政务院批准,固安县由保定专区划归通县专区。同年大兴县迁治黄村。1955年3月3日经国务院批准,设立大厂回族自治区(县级),归通县专区管辖。1956年3月9日经国务院批准,昌平县划归北京市,又将通县所属金盏、长店、孙河、前苇沟、北皋、上新堡、崔各庄等乡划归北京市。1957年大兴县新建乡和顺义县中央机场划归北京市。1958年4月28日经国务院批准,撤销通县专区,所辖蓟县、平谷、三河、大厂回族自治区、香河县划归唐山专区;密云、怀柔二县划归承德专区;固安县划归天津专区;通县、顺义、大兴、良乡、房山五县划归北京市。

张家口专区 1952年11月15日,中央人民政府批准,将原察哈尔省所辖张北、赤城等十六县划归河北省,设立张家口专区统管。十六县中,延庆县为其一。1958年10月20日国务院批准将延庆县划入北京市。

附记:自1928年设立察哈尔省至1952年11月15日撤销察

哈尔省，延庆县为其属县之一。

承德专区 1955年7月30日第一届全国人民代表大会第二次会议决定，撤销热河省，所属承德、滦平等八县划归河北省，设立承德专区。1958年4月28日国务院批准撤销通县专区后，所属密云、怀柔二县划归承德专区。同年10月20日国务院批准将密云、怀柔二县划归北京市。

附记：自1928年设立热河省至1955年7月30日第一届全国人民代表大会第二次会议决定撤销热河省期间，热河省与今北京市也有一些行政区域上的关联。1950年12月11日经河北省人民政府批准，将通县专区所属密云县的雾灵山分水岭北部的大沟、桦皮房、大南峪两个半村及五百余晌（六亩为一晌）土地划归热河省滦平县。1952年6月1日经中央人民政府政务院批准，将热河省滦平县第十一、第十二两个区划河北省怀柔县。同年9月18日经内务部批准，又将热河省滦平县的司营子、番子牌两个行政村划归河北省密云县。故今北京市怀柔区长城以北山区和密云区西部长城外山区，曾属热河省滦平县。

第一区至第二十区 1949年6月至1950年4月间北京市所辖区制。

第一区至第十六区 1950年4月至1952年6月间北京市所

辖区制。

东单区 1952年6月20日，北京市人民政府批准，将所辖第一区更名为东单区。1958年4月8日国务院批准，与东四区合并为东城区。

西单区 1952年6月20日，北京市人民政府批准，将所辖第二区更名为西单区。1958年4月8日国务院批准，与西四区合并为西城区。

东四区 1952年6月20日，北京市人民政府批准，将所辖第三区更名为东四区。1958年4月8日国务院批准，与东单区合并为东城区。

西四区 1952年6月20日，北京市人民政府批准，将所辖第四区更名为西四区。1958年4月8日国务院批准，与西单区合并为西城区。

前门区 1952年6月20日，北京市人民政府批准，将所辖第六区更名为前门区。1958年4月8日国务院批准撤销，原辖域分别划归崇文区和宣武区。

东郊区 1952年6月20日，北京市人民政府批准，将所辖第十区更名为东郊区。1958年5月3日国务院批准，东郊区更名为朝阳区。

南苑区　1952年6月20日，北京市人民政府批准，将所辖第十一区更名为南苑区。1958年5月29日国务院批准，撤销南苑区与大兴县，合并设立大兴区。

京西矿区　1952年9月华北行政委员会批准，撤销门头沟区与宛平县，合并设立京西矿区。1958年5月3日国务院批准京西矿区更名为门头沟区。

宛平县　本河北省属县，属通县专区。1952年7月23日华北行政委员会批准，将宛平县划归北京市。同年9月华北行政委员会批准，撤销宛平县与门头沟区，合并设立京西矿区。

良乡县　本河北省属县，属通县专区。1958年3月7日国务院批准，将良乡县划归北京市。同年5月29日国务院批准，撤销良乡县与房山县，合并设立周口店区。

房山县　本河北省属县，属通县专区。1958年3月7日国务院批准，将房山县划归北京市。同年5月29日国务院批准，撤销房山县与良乡县，合并设立周口店区。1960年1月7日国务院批准，撤销周口店区，恢复房山县。1986年11月11日国务院批准，撤销房山县与燕山区，合并设立房山区。

大兴县 本河北省属县，属通县专区。1958年3月7日国务院批准，将大兴县划归北京市。同年5月29日国务院批准，撤销大兴县与南苑区，合并设立大兴区。1960年1月7日国务院批准，撤销大兴区，恢复大兴县。2001年1月9日，撤销大兴县，改设大兴区。

通县 本河北省属县，属通县专区。1958年3月7日国务院批准，将通县划归北京市。同年5月29日国务院批准，撤销通县与通州市，合并设立通州区。1960年1月7日国务院批准，撤销通州区，恢复通县。1997年4月29日，撤销通县，改设通州区。

通州镇 本旧通县县城。1949年3月中共通县县委和县人民政府自西集迁驻张家湾，于旧通县城设立通州镇，属通县专区。1953年11月6日政务院批准，撤销通州镇，设立通州市，由通县专区代管。

通州市 本通州镇。1953年11月6日政务院批准，撤销通州镇，设立通州市，为县级市，由通县专区代管。1958年5月29日国务院批准，撤销通州市，与通县合并设立通州区。

顺义县 本河北省属县，属通县专区。1958年3月7日国务院批准，将顺义县划归北京市。同年5月29日国务院批准，撤销顺义县，设立顺义区。1960年1月7日国务院批准，撤销顺义区，恢复顺义县。1998年3月3日，撤销顺义县，改设顺义区。

昌平县 本河北省属县，属通县专区。1956年3月9日，国务院批准，将河北省昌平县划归北京市，并改设昌平区。1960年1月7日，国务院批准，撤销昌平区，恢复昌平县。1999年9月16日，撤销昌平县，改设昌平区。

怀柔县 本河北省属县，属通县专区。1958年4月28日国务院批准，通县专区撤销，怀柔县划归承德专区。同年10月20日国务院批准，将怀柔县划归为北京市。2002年4月17日，撤销怀柔县，改设怀柔区。

平谷县 本河北省属县，属通县专区。1958年4月28日国务院批准，撤销通县专区，平谷县改属唐山专区。同年10月20日国务院批准，将平谷县划归北京市。2002年4月18日，撤销平谷县，改设平谷区。

石景山办事处 1963年6月3日北京市人民委员会批准，设立石景山办事处（区级），以丰台区部分行政区域为石景山办事处的行政区域。1967年8月7日北京市革命委员会批准，撤销石景山办事处，改设石景山区。

石油化工区办事处　1974年8月1日，北京市革命委员会批准，设立石油化工区办事处（区级），以房山县部分行政区域为石油化工区的行政区域。1980年10月20日国务院批准，撤销石油化工区办事处，设立燕山区，将房山县周口店公社和城关公社部分地区划归燕山区管辖。

燕山区　本石油化工区办事处（区级）。1980年10月20日国务院批准，撤销石油化工区办事处，设立燕山区。1986年11月11日国务院批准，撤销燕山区与房山县，合并改设房山区。

周口店区　本河北良乡、房山二县。1958年3月7日国务院批准，将良乡、房山县划归北京市。同年5月29日国务院批准，撤销良乡县和房山县，合并设立周口店区。1960年1月7日国务院批准，撤销周口店区，恢复房山县，但良乡再未恢复。

东城区　1958年5月3日国务院批准，撤销北京市辖东单区和东四区，合并设立东城区。2010年7月，撤销崇文区，合并成立新的东城区。为北京市现辖行政区之一。

西城区　1958年5月3日国务院批准，撤销北京市辖西单区和西四区，合并设立西城区。2010年7月，撤销宣武区，合并成立新的西城区。为北京市现辖行政区之一。

崇文区　1952年6月20日北京市人民政府批准,将所辖第七区更名为崇文区。自从1958年4月8日国务院批准撤销北京市前门区以后,原前门区东部划归崇文区。2010年7月,撤销崇文区。

宣武区　1952年6月20日北京市人民政府批准,将所辖第八区更名为宣武区。自从1958年4月8日国务院批准撤销北京市前门区以后,原前门区西部划归宣武区。2010年7月,撤销宣武区。

朝阳区　1958年5月3日国务院批准,将北京市所辖东郊区更名为朝阳区。为北京市现辖行政区之一。

丰台区　1952年6月20日北京市人民政府批准,将所辖第十二区更名为丰台区。1958年5月3日国务院批准,撤销北京市辖石景山区,其行政区域并入丰台区。1967年8月7日北京市革命委员会批准设立石景山办事处(区级),原并入丰台区的原石景山区域又划出,作为石景山办事处行政区域。为北京市现辖行政区之一。

海淀区　1952年6月20日北京市人民政府批准,将所辖第十三区更名为海淀区。同时将原第十四区撤销，其西部划归海淀区。1958年，将昌平县属永丰屯乡、苏家坨乡、白水洼乡和前后沙涧、聂各庄、车耳营、唐家岭、土井、台头、梁家园等村划归海淀区。为北京市现辖行政区之一。

石景山区 1952年6月20日北京市人民政府批准，将所辖第十五区更名为石景山区。1958年5月3日国务院批准，撤销石景山区，其行政区域并入丰台、海淀、门头沟区。1963年6月3日北京市人民委员会批准，设立石景山办事处（区级），以丰台区部分行政区域为石景山办事处行政区域（即并入丰台区的原石景山区域）。1967年8月7日北京市革命委员会批准，撤销石景山办事处，恢复石景山区建置。为北京市现辖行政区之一。

门头沟区 1952年6月20日北京市人民政府批准，将所辖第十六区更名为门头沟区。同年7月23日华北行政委员会批准，将河北省属宛平县及房山、良乡二县的部分行政区划归北京市。同年9月，华北行政委员会批准，撤销宛平县和门头沟区，设立京西矿区，以宛平县、门头沟区及由河北省房山、良乡二县划归北京市的部分行政区域为京西矿区行政区域。1958年5月3日国务院批准，京西矿区更名为门头沟区。北京市现辖行政区之一。

昌平区 本河北省昌平县。1956年3月9日国务院批准，将昌平县划归北京市，只高丽营划归河北省顺义县。昌平县划归北京市后被撤销，改设昌平区。1960年1月7日国务院批准，撤销昌平区，恢复昌平县。1999年9月16日，撤销昌平县，改设昌平区。北京市现辖行政区之一。

通州区 本河北省通县和通州市。属通县专区。1958年3月7日国务院批准，将通县和通州市划归北京市。同年5月29日国务院批准，撤销通县和通州市，合并设立通州区。1960年1月7日国务院批准，撤销通州区，恢复通县建置。1997年4月29日，撤销通县，改设通州区。北京市现辖行政区之一。

顺义区 本河北省顺义县，属通县专区。1958年3月7日国务院批准，将顺义县划归北京市。同年5月29日国务院批准，撤销顺义县，改设顺义区。1960年1月7日国务院批准，撤销顺义区，恢复顺义县。1998年3月3日，撤销顺义县，改设顺义区。北京市现辖行政区之一。

房山区 本房山县和燕山区。1986年11月11日国务院批准，撤销房山县和燕山区，合并设立房山区。北京市现辖行政区之一。

大兴区 本河北省大兴县，属通县专区。1958年3月7日国务院批准，将大兴县划归北京市。同年5月29日国务院批准，撤销大兴县，与南苑区合并设立大兴区。1960年1月7日国务院批准，撤销大兴区，恢复大兴县。2001年1月9日，撤销大兴县，改设大兴区。北京市现辖行政区之一。

怀柔区 本河北省怀柔县。1952年6月1日政务院批准，将热河省滦平县十一、十二两区划归怀柔县。原属通县专区，1958年4月28日国务院批准，撤销通县专区，改属承德专区。同年10月20日国务院批准，将怀柔县划归北京市。2002年4月17日撤县改区。北京市现辖行政区之一。

平谷区 本河北省平谷县。原属通县专区，1958年4月28日国务院批准，撤销通县专区，改属唐山专区。1958年10月20日国务院批准，将平谷县划归北京市。2002年4月18日撤县改区。北京市现辖行政区之一。

密云区 本河北省属县。原属通县专区，1958年4月28日国务院批准，撤销通县专区，改属承德专区。同年10月20日国务院批准，将密云县划归北京市。2015年11月17日，撤县设区。北京市现辖行政区之一。

延庆区 本察哈尔省属县。1952年11月15日中央人民政府批准，撤销察哈尔省，延庆县划归河北省辖，属新设张家口专区。1958年10月20日国务院批准，将延庆县划归北京市。2015年11月17日，撤县设区。北京市现辖行政区之一。

八达岭特区 1981年5月北京市人民政府批准设立，归延庆县管理。特区办事处在八达岭旅游区。

十三陵特区 1981年5月北京市人民政府批准设立，归昌平区管理。特区办事处在明十三陵之定陵旅游区。

后 记

1979年至1988年的十年间，我在跟随恩师侯仁之先生和徐兆奎先生编绘《北京历史地图集》第一集的过程中，阅读了较多有关北京地区行政建置的历史文献，对北京地区历代行政建置及其演变情况比较熟悉，遂根据这些文献撰著了《北京历代建置沿革》一书，1994年在北京出版社出版。

之后，我又有幸承担了新中国成立后第一轮《北京志》的分志《建置志》的编纂，这部志稿几经修改，2008年在北京出版社出版。本书就是在《建置志》的基础上修订、改编、补充而成。

在我国历史上，国家和各省、府、州、县乃至重要乡镇、关塞、园林、寺庙、墓葬等不同级别的行政区域或单位，都有修撰志书的优良传统。流传至今者有"一统志""省志""府志""州志""县志"及某些"专志"等。志者，记识事物之书也。汉郑玄注释《周礼》云:"志谓记也。《春秋传》所谓《周志》,《国语》所谓《郑书》之属是也。"后来便专把记述地方疆域沿革、古迹险要及人物、物产、风俗的书,叫作志书。在不同时代修撰的各种地方志书中,建置沿革是不可或缺的一项内容,因为行政建置及其演变是地方社会管理的重要形式和措施,是一方历史进程的主线,我相信这是大家的共识。

北京历史悠久,建置沿革错综复杂。初号蓟城,春秋、战国时为燕国之都,后来成为汉、唐等中原王朝的北方重镇,多称幽州。辽建为陪都,称南京或燕京。金、元、明、清都为国都,金称中都,元称大都,明、清称北京。民国中期以南京为都后,北京改名北平。新中国成立后,北京仍是全国的政治和文化中心,即首都。因此,研究和宣传北京地区的历代建置沿革,让广大北京市民乃至全国各族人民了解首都北京的历史演变就具有重要的现实意义和历史意义。不同的朝代实行不同的地方行政制度。因此,随着朝代的更替,北京地区历代行政建置每有变化。我在编纂《建置志》时,为了说清问题,在分别介绍各朝代的基本情况后,随之将各朝代于今北京地区早期设置的州、郡、国、县和后来设置的道、路、府、州、县等历史情况尽力述说,以求准确全面。

本书作为《京华通览》丛书的一种,为了与全套体例、篇幅和形式统一,对志书的内容进行了必要的修订和删改。因为《建置志》的下限是 2002 年,为了使书稿的内容尽量完整,王岩同志帮我查找资料，补充了下限以后的新内容，并从侯仁之主编的《北京历史地图集》第一集中选取部分相关的地图附上，使读者阅读时有所参照，更加直观。目前本书所述北京历代建置沿革，时间截至2015年。

在这里，我真诚地感谢北京出版社。

尹钧科

2017年12月